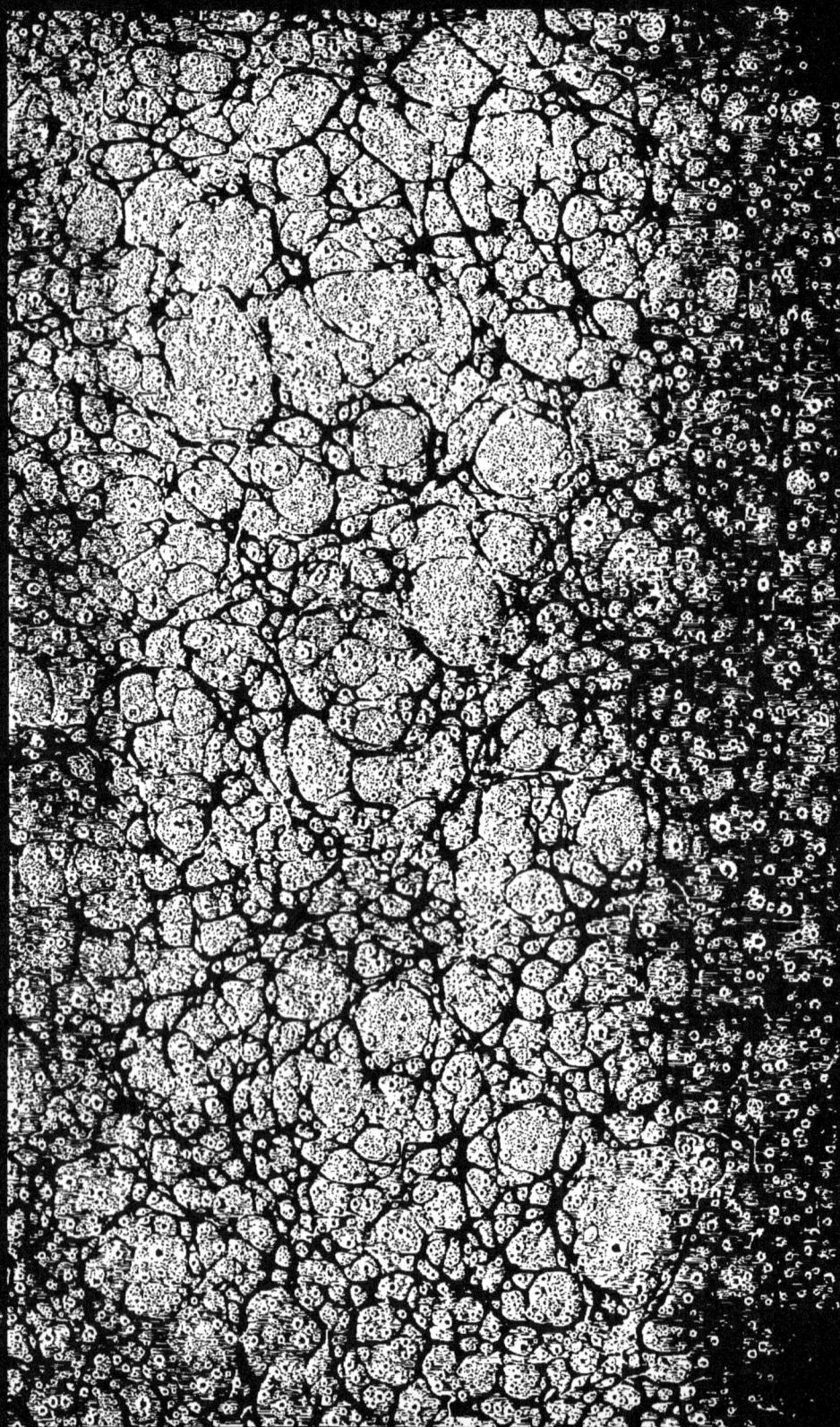

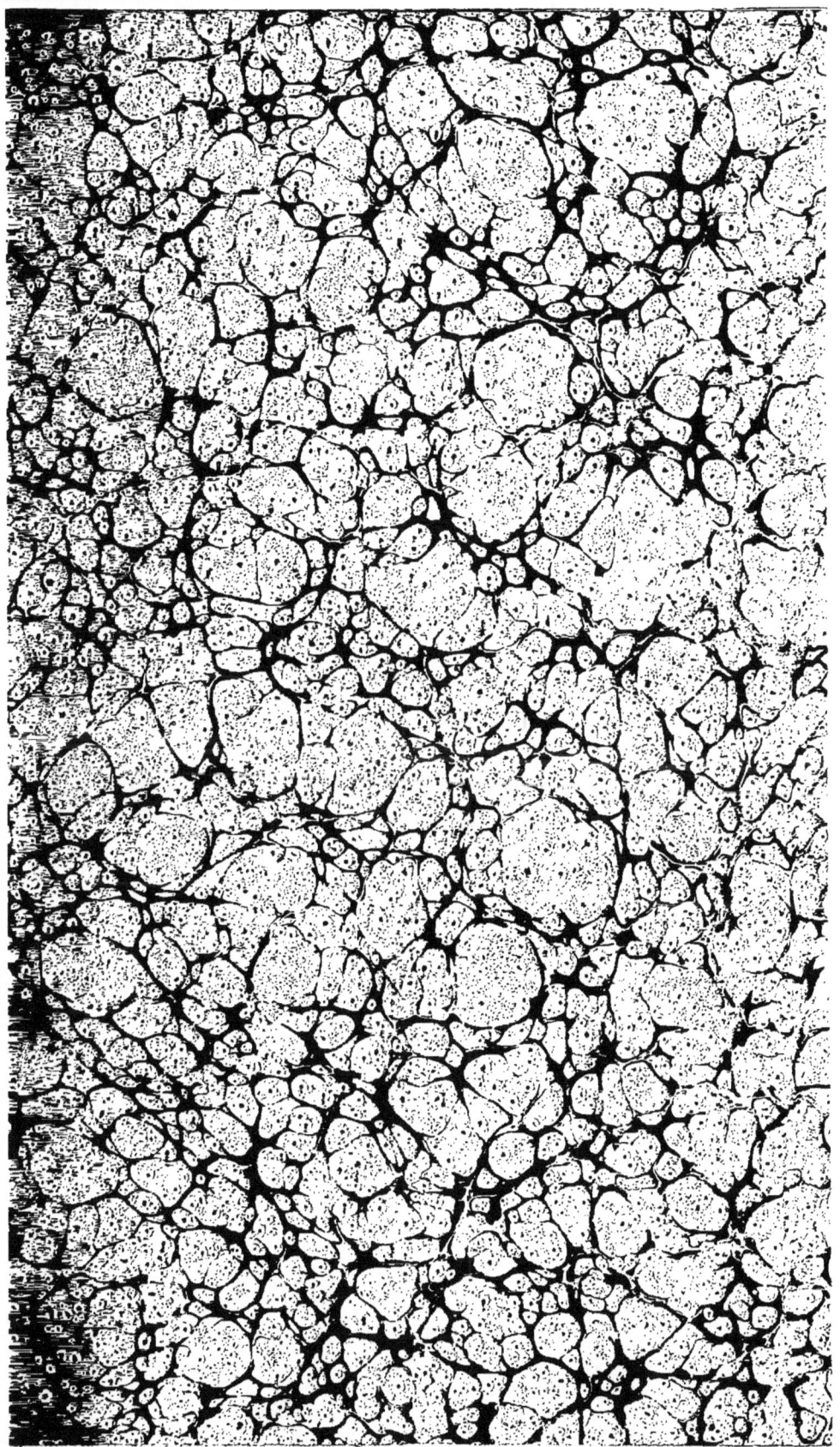

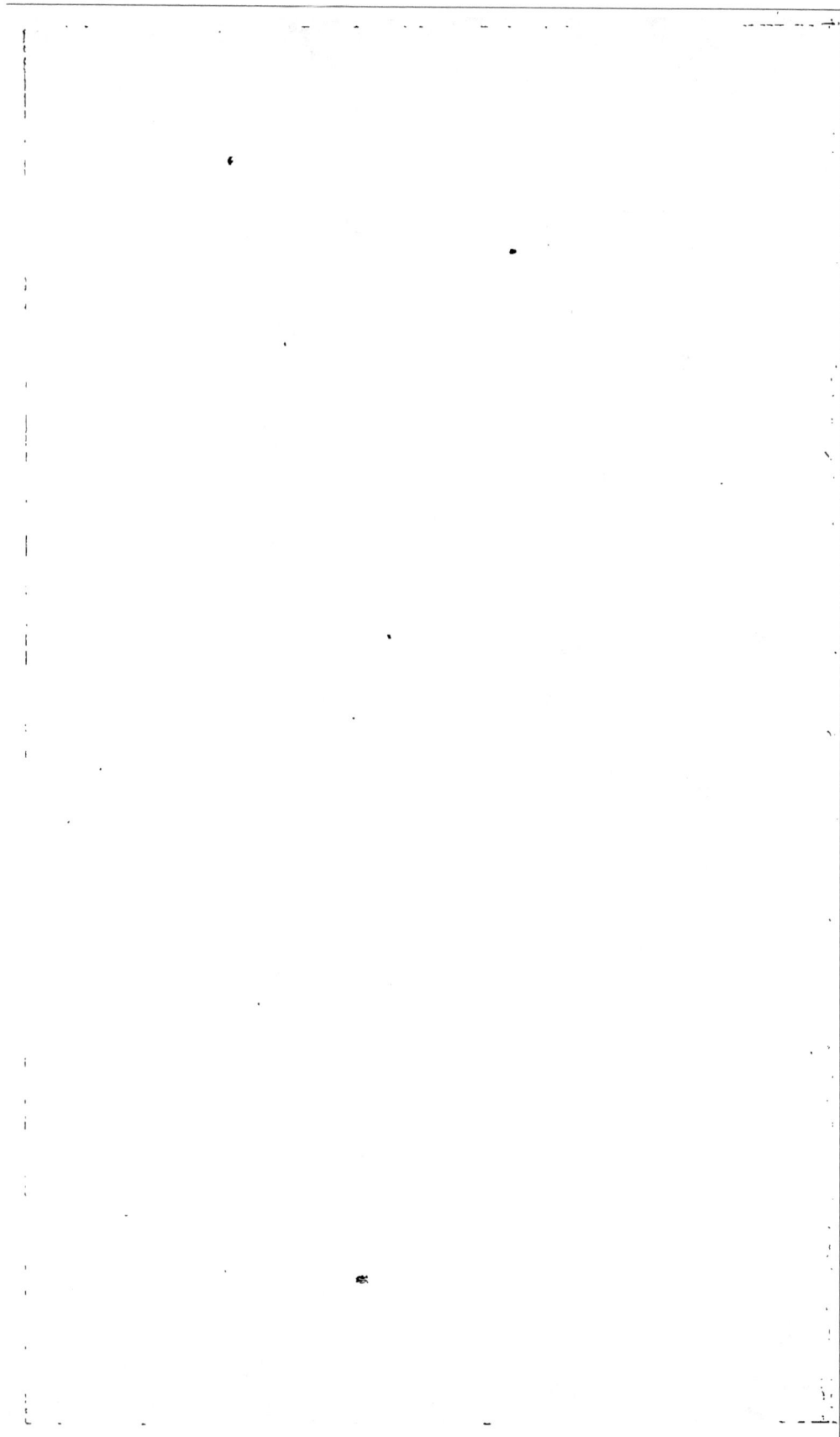

ITINÉRAIRE

DE

NAPOLÉON IER

DE SMORGONI A PARIS

(6-18 décembre 1812)

PARIS. — IMPRIMERIE W. REMQUET, GOUPY ET Ce,

rue Garancière,

ITINÉRAIRE

DE

NAPOLÉON Iᵉʳ

DE SMORGONI A PARIS

Épisode de la guerre de 1812

PREMIER EXTRAIT

DES MÉMOIRES MILITAIRES ET POLITIQUES INÉDITS

DU

BARON PAUL DE BOURGOING

Sénateur, ancien ambassadeur en Espagne, ancien ministre de France
en Allemagne et en Russie.

PARIS

É. DENTU, ÉDITEUR

LIBRAIRE DE LA SOCIÉTÉ DES GENS DE LETTRES

13, galerie d'Orléans, 13

1862

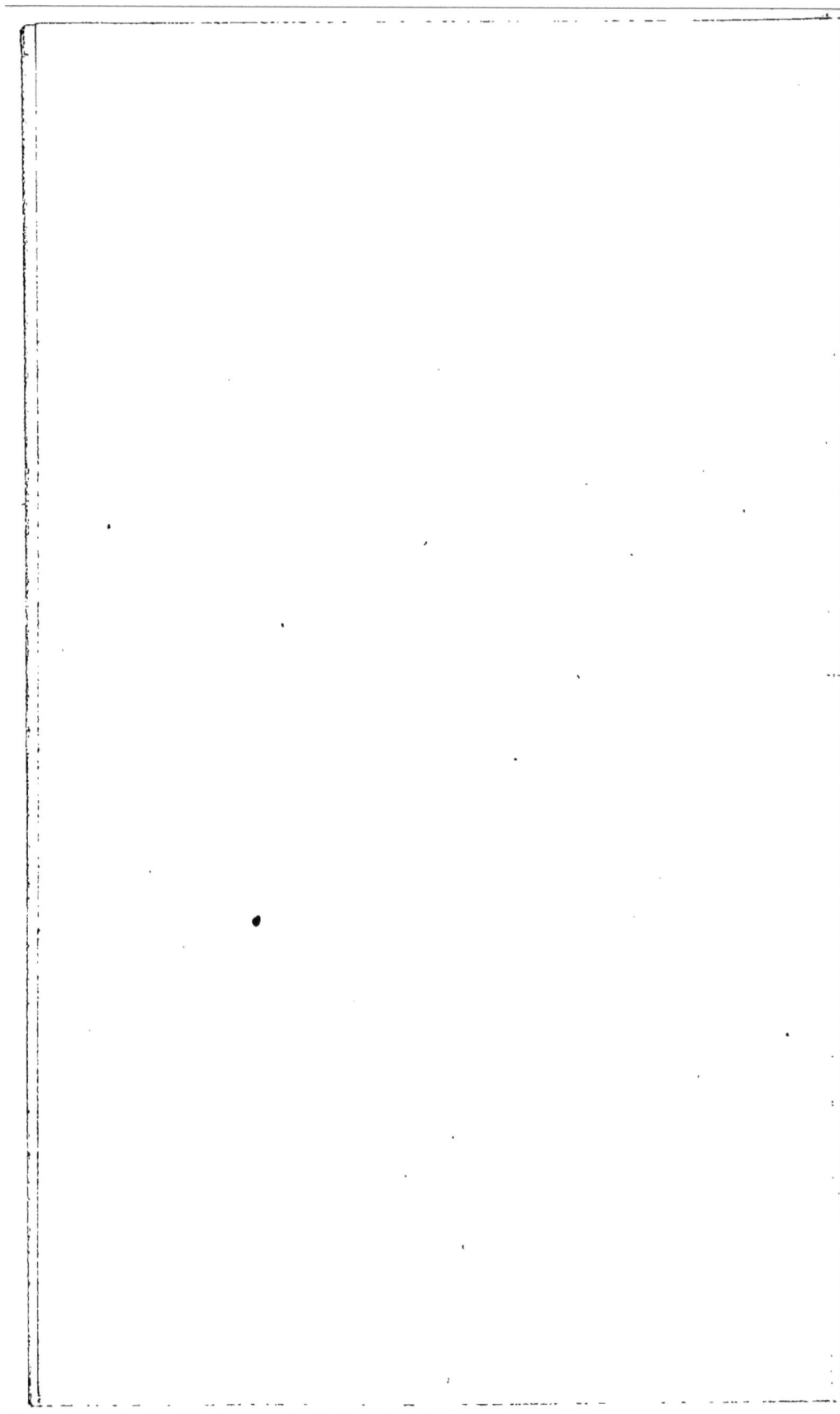

ITINÉRAIRE

DE

NAPOLÉON Iᵉʳ

DE SMORGONI A PARIS

Le 5 décembre 1812, l'empereur Napoléon
partit d'une ville de l'empire russe, pour se
rendre à Paris et y organiser promptement une
nouvelle armée. J'ai assisté à ce départ si diversement apprécié, et je puis, comme témoin
oculaire, en décrire toutes les circonstances.

L'élite de nos écrivains a consacré de longues
années à la recherche des informations les plus

1

étendues, pour raconter avec impartialité toutes les phases des brillants succès et des revers d'un règne glorieux. Mais à côté de ces consciencieux travaux, peuvent encore se placer quelques relations particulières plus détaillées et plus précises. Près de cinquante années se sont écoulées depuis la retraite de 1812 ; et les derniers témoins de cet immense désastre, s'ils ont encore à éclaircir quelques points douteux, doivent se hâter de raconter ce qu'ils savent de faits importants et demeurés inconnus.

Les premières scènes de ce récit sont seules extraites des Mémoires inédits que j'ai écrits sur les événements militaires et politiques dont je fus le témoin. Quant à la relation du voyage, jour par jour, dans toute son étendue, depuis les plaines glacées de la Russie, à travers une nuée de cavaliers ennemis, jusqu'aux grilles des Tuileries, je la dois à un Polonais, alors officier d'ordonnance de l'Empereur, le brave comte Dunin Wonsowicz, l'un des compagnons de voyage désignés, dans un moment si grave, par l'estime et la confiance de Napoléon. Cet officier a bien voulu, tout récemment, me communiquer ce qu'il avait écrit à ce sujet peu de temps après l'événement.

La tardive publication dont l'un de mes anciens frères d'armes de Moscou veut bien me permettre de devenir l'organe, est appelée, par l'authenticité et la nouveauté des détails qu'elle contient, à combler une véritable lacune dans l'histoire de la guerre de 1812.

CHAPITRE I

LE DÉPART. — LES TROIS VOITURES. — LE TRAÎNEAU PRÉCURSEUR
— L'ESCORTE.

Smorgoni est une petite ville lithuanienne
du palatinat de Wilna, devenue célèbre aujour-
d'hui, parce que c'est de là que l'empereur
Napoléon quitta l'armée pour se rendre à Paris,
où sa présence était devenue nécessaire. La
pensée politique dut l'emporter dans cette grave
circonstance sur les considérations qui auraient
pu le retenir à la tête de ses troupes. Ce qui
importait le plus dans l'intérêt même du salut

de notre armée, c'était de se montrer vivant et redoutable encore, malgré ce revers.

Il fallait se présenter à l'Allemagne déjà chancelante dans ses dispositions, et en partie dégoûtée de son alliance avec l'Empereur; il fallait, sans tarder et de nouveau, lui faire subir l'ascendant de sa présence. Il fallait faire connaître à la France inquiète et sourdement agitée, il fallait apprendre aux amis douteux, aussi bien qu'aux ennemis secrets, que Napoléon n'avait point succombé dans le terrible désastre qui venait de frapper ses légions.

La dispersion des régiments était complète dans les premiers jours de décembre 1812, une partie de nos corps d'élite campait encore le soir par fractions de bataillons ou de pelotons graduellement diminués; mais pendant la journée, la majorité de cette multitude de soldats, français et alliés, marchait sans ordre ni discipline. Depuis quelques jours, cependant, nous

étions entrés dans les régions lithuaniennes,
où le dénûment était un peu moins affreux que
dans les contrées que nous avions traversées
en partant de Moscou.

Le 5 décembre, nous venions d'arriver,
après une marche pénible, sur la place de
Smorgoni où se trouvait la maison devenue
quartier-général de l'Empereur. Nos généraux
avaient conservé leurs chevaux, mais la plupart
de leurs aides de camp en étaient réduits à
faire la route à pied. Ces états-majors chemi-
naient péniblement; on partait ensemble le matin, mais on était bientôt échelonné sur la route
selon l'inégalité des forces de chacun; toutefois, on se réunissait autant que possible le
soir; l'affection mutuelle semblait redoubler
par ces misères croissantes supportées en com-
mun.

J'avais alors vingt ans et le grade de sous-
lieutenant adjudant-major dans la jeune garde;

j'étais attaché, comme officier d'ordonnance et comme interprète, au général de division comte Delaborde, qui commandait une division des tirailleurs et voltigeurs, à laquelle était joint le contingent de Hesse-Darmstadt.

Ce jour-là, le général entra chez l'Empereur avec le duc de Trévise, chef de notre corps d'armée; tous deux en ressortirent peu de temps après. Ils avaient sans doute déjà reçu l'avis d'un départ, ou du moins ils l'avaient pressenti; mais aucune trace d'inquiétude ne se montrait sur leur visage. Ces deux hommes, dont je vénère et chéris la mémoire, étaient de ceux qu'aucun revers, qu'aucune souffrance ne découragent, qu'aucune prévision n'intimide.

Le duc de Trévise, illustré déjà par la victoire d'Ocaña, en Espagne, et par la conquête de d'électorat de Hanovre, avait, dans cette campagne de Moscou, donné de nouvelles preuves de son courage impassible. A Lutzen, son corps d'armée contribua puissamment à la victoire ; toute sa vie offrit un constant modèle d'honneur et de fidélité.

Le général Delaborde, en raison des infirmités contractées à la guerre, paraissait beaucoup plus âgé qu'il ne l'était en effet. Vers la fin de la campagne de Russie, il ne pouvait monter à cheval que soutenu par ses aides de camp, mais il était doué d'un cœur intrépide et d'une ardeur entraînante. Une fois à la tête de ses colonnes d'attaque, je le vois encore en souvenir, le contraste d'un dos voûté, d'un visage vénérable et de tout le feu de la jeunesse, électrisait sa division, dont il était adoré. Il avait débuté dans la carrière des armes parmi nos héroïques volontaires de 1792. Son abord était un peu brusque, et son langage avait parfois une tournure soldatesque qu'il lui donnait à dessein, car il était instruit et même lettré :

1.

je l'ai vu converser en très-bon latin avec des moines polonais, les trinitaires d'Antokol, de Wilna.

En sortant de la maison qu'occupait l'Empereur, et autour de laquelle on remarquait une grande activité, le duc de Trévise et le général Delaborde s'entretinrent quelque temps avant de se séparer; le maréchal annonça un ordre important qui serait donné dans la soirée aux principaux chefs de l'armée. J'entendis aussi le général prononcer ces paroles : « Il va se passer un fait bien inattendu, mais, selon moi, nécessaire; résignons-nous et ne nous décourageons pas. »

Nous vîmes passer en ce moment un certain nombre de petits chevaux polonais conduits par des paysans; il est probable qu'ils étaient achetés pour les voitures de l'Empereur. Ces chevaux, trouvés dans le pays, étaient en bien meilleur état qu'aucun de ceux qui avaient subi

avec nous les fatigues et les privations de la retraite.

Voici de quelle façon je fus témoin du départ de l'Empereur. On avait décidé qu'il aurait lieu la nuit, et les personnes indispensables
avaient seules été prévenues. Traverser ce pays,
où les batteurs d'estrade de l'armée ennemie
s'étaient déjà répandus, semblait, aux plus
hardis, une entreprise pleine de périls que la
prudence conseillait de tenir secrète.

Je vis partir les voitures qui emportaient
l'Empereur, marchant naguère encore à la tête
de soldats innombrables. C'était un fait très-
grave pour chacun de nous ; mais, comme il
arrive souvent, les témoins du dernier acte de
ce drame funeste n'en furent pas aussi frappés
que ceux qui lisaient, à distance, le détail de
nos maux. Pour mon compte, j'avais alors toute
l'insouciance, l'abnégation personnelle et le dévoûment absolu de mes jeunes contemporains;

quelques vétérans seuls murmuraient en ce
moment; quant à nous, ce départ ne nous causa ni surprise, ni inquiétude, et il ne me laissa
d'autre souvenir que celui du spectacle curieux
d'un grand événement historique.

Nous venions d'entrer dans l'*izba* ou petite
maison de bois que nous devions occuper cette
nuit-là, pour nous remettre en marche dès les
premiers rayons du jour. Arrivé dans ce mo-
deste réduit, le général me parla d'une façon
qui ne se ressentait nullement de la triste gravité des circonstances.

« Eh bien! me dit-il, on m'annonce que l'Empereur va envoyer aux généraux de division un
ordre important et pressé. Je ne sais comment
je pourrai le lire; la provision de bougies de
ma voiture est épuisée, et je ne vois à notre
portée aucun feu de bivouac dont la clarté
puisse y suppléer. Chargez-vous, en conséquence, d'entretenir la seule lumière dont nous

disposions ici. » Il me montrait, en me parlant
ainsi, le matériel primitif dont la population
lithuanienne se sert pour éclairer l'intérieur de
ses chaumières, c'est-à-dire de longues et
minces planchettes résineuses de sapin, d'une
longueur de trois ou quatre pieds, nommées en
langue polonaise *lucziwa*. On plante ordinairement ces lattes gigantesques debout ou in-
clinées dans un bloc de bois servant de chan-
delier.

« Je vous recommande, ajouta le général, de
ne pas laisser éteindre votre feu. Veillez pendant que je vais dormir. Vous le voyez, mon
ami, c'est une occupation de vestale que je
vous donne là; rappelez-vous que c'est pour
lire un ordre de l'Empereur que vous allez entretenir le feu sacré. Il veut, dit-on, parler ce
soir à plusieurs de ses généraux; le bruit court
qu'il songe à partir pour la France; peut-être
va-t-il me faire appeler auprès de lui. Il faut

que je puisse lire son ordre sur-le-champ; je
ne voudrais pas être en retard d'un seul instant
dans une circonstance pareille. »

J'obéis avec empressement au brave général
Delaborde.

J'entretins la lumière avec soin. Chacune des
grandes planchettes de sapin brûlait pendant
cinq minutes environ; dès qu'elle approchait de
sa fin, je la remplaçais par une autre.

J'avais accompli plusieurs fois cette opération et le général était déjà profondément en-
dormi, lorsque mes regards se portèrent vers
la fenêtre qui donnait sur la rue; notre izba,
située à droite de la route parcourue par l'armée, était l'une des dernières de la ville. Mon
attention fut attirée par la vue de deux chasseurs à cheval de la vieille garde, de cette
troupe célèbre formée à l'époque de l'expédition d'Égypte, et nommée dans le principe
régiment des guides. Ils étaient reconnaissa-

bles, dans cette nuit brumeuse, à leur man-
teau vert foncé se détachant sur un fond de
neige, et à leurs immenses colbacks d'ourson
noir, que leurs successeurs actuels ont eu raison de conserver comme un glorieux souvenir.
Ces deux cavaliers, cette avant-garde, ces éclaireurs d'une marche aventureuse, pressaient
bravement l'allure de leurs chevaux épuisés.
Ils se hâtaient autant que le permettaient la
neige et le verglas dont la route était couverte.
L'un d'eux fit un faux pas tout près de la fenêtre d'où je le regardais avec tant de sympathie; je le vis tomber et presque s'abattre sous
mes yeux. Je compris immédiatement ce que
signifiaient ces deux cavaliers se pressant ainsi, à
cette heure, et dans une pareille nuit. Ils de-
vancent l'Empereur! m'écriai-je. Peu d'instants
après, je voyais défiler un traîneau, puis trois
voitures de formes diverses, parmi lesquelles
distinguai le coupé de l'Empereur que nous

connaissions si bien; les deux dernières voitures étaient, selon l'usage de ces contrées,
irrégulièrement attelées de plusieurs chevaux
grands et petits.

Un peloton fermait la marche. Dès que j'eus
aperçu les premiers cavaliers de cette escorte,
j'éveillai à la hâte le général, couché dans la
pièce voisine; mais les voitures avaient passé
si rapidement, qu'il ne put arriver à temps
pour les voir. Il jugea comme moi, d'après la
description que je lui fis, que c'était l'Empereur
qui mettait à exécution le projet annoncé.

Le général Delaborde me dit alors avec son
bon sens ordinaire : « Il a raison, il n'a plus
rien à faire ici, c'est en France que son devoir
l'appelle sans tarder; il a, comme empereur, à
Paris dix fois plus de valeur qu'au milieu de
nous, près d'une armée désorganisée. »

Nous avions, en effet, déjà reçu la nouvelle
de la conspiration de Malet, qui, dans la nuit

du 2 au 3 octobre, avait, pendant quelques heures, présenté à Paris des chances de réussite : nous comprenions, en outre, la profonde sensation que, dès ce moment, devait produire, en France et dans toute l'Europe, le récit du désastre dont nous étions les témoins.

CHAPITRE II

L'Empereur, décidé à franchir, en pays ennemi, la distance qui le séparait du Niémen, dut penser à s'entourer d'une élite d'hommes courageux, résolus à payer de leur personne.

Les plaines de la Lithuanie, qu'il fallait traverser, sont habitées en partie, surtout dans la région du nord, par une population qui parle un idiome particulier. La langue polonaise est toutefois d'un usage général dans les villes et dans les maisons de poste ; dans la plupart des villages on la comprend à l'égal du lithuanien ; un interprète était nécessaire. L'Empereur désigna à cet effet un jeune Polonais, le comte Dunin Wonsowicz[1], son officier d'ordonnance. Cet officier, aussi courageux qu'intelligent et dévoué, a écrit sous le titre *Pamientniki*[2] (Souvenirs) une relation qui m'a fourni les principaux éléments du récit qui va suivre.

L'Empereur était arrivé à Smorgoni le 5 décembre, à deux heures après midi. Il avait couché la veille au château de Bieliça, appartenant au comte Zoçal. Vers le soir, il fit appeler son officier d'ordonnance et lui demanda tout d'abord, et sans entrer dans aucun détail, s'il était bien prémuni contre le froid. Celui-ci

[1] Wąsowicz.
[2] Pamiętniki, d'après l'orthographe polonaise.

ayant répondu qu'il n'avait pris aucune précaution de cette nature, l'Empereur lui dit :

« Je vais vous faire donner des bottes fourrées et une pelisse d'ours ; puis vous partirez
sur-le-champ pour Wilna avec Caulaincourt.
Mais dépêchez-vous, et ne parlez à qui que ce
soit de ce projet. »

Le départ eut lieu à huit heures du soir. Le
convoi se composait de trois voitures et d'un
traîneau. Dans la première voiture, un coupé
de voyage, se trouvait l'Empereur et le général
de Caulaincourt, duc de Vicence ; le mamelouk
Roustan était assis sur le siége. Dans la seconde, se placèrent le maréchal Duroc et le
comte de Lobau ; dans la troisième, le lieutenant général comte Lefebvre-Desnouettes, colonel des chasseurs à cheval de la garde, un va-
let de chambre et deux valets de pied. Dans le
traîneau, enfin, l'Empereur fit entrer le comte
Wonsowicz et un piqueur nommé Amodru. Ce

fut ce dernier qui, dès le commencement du
trajet, apprit à l'officier polonais que leur des-
tination était non point Wilna, mais Paris. Un
peloton de trente chasseurs à cheval de la garde,
choisis par le général Lefebvre-Desnouettes,
parmi les plus valides et les mieux montés de
ce régiment, servait d'escorte.

Le traîneau prit la tête du convoi, et comme
il avançait plus facilement que les voitures, il
arriva une heure plus tôt au premier relais,
nommé Oszmiana. Dès ce moment, on comprit
combien l'entreprise de devancer l'armée était
périlleuse. En arrivant à Oszmiana, au milieu
de la nuit, le comte Wonsowicz fut surpris de
trouver le commandant de cette place à la tête
des troupes de la garnison. Ce commandant
était un général wurtembergeois ; il avait sous
ses ordres la garnison, composée de troupes
françaises, polonaises et allemandes ; un ba-
taillon était sous les armes, et l'on s'attendait à

être attaqué. On voyait, en outre, près de l'infanterie, trois escadrons de lanciers. Cette attitude de la garnison d'une petite ville, située à huit lieues en avant de la tête de notre colonne en retraite, s'expliquait par les mouvements de l'ennemi.

Les corps de l'armée russe qui nous suivaient directement ne pouvaient sans doute le faire qu'avec une extrême difficulté ; ils marchaient sur une route complétement dévastée. Il en était tout autrement des détachements de cavalerie légère qui, abandonnant nos traces, se dirigeaient parallèlement aux flancs de notre colonne ; ils s'avançaient dans des contrées dont la guerre n'avait point détruit les ressources. Les habitants leur fournissaient tous les renseignements nécessaires pour faciliter leur marche en avant ; aussi ces corps traversaient-ils parfois la route qu'ils longeaient habituellement. L'un d'eux, commandé par le colonel Tchernicheff, délivra même en avant de notre colonne le général russe Wintzingerode, qui avait été fait prisonnier au moment de notre départ de Moscou. Les voitures qui portaient l'Empereur couraient à chaque pas le danger de rencontrer l'un de ces corps ennemis.

Ce jour-là, deux détachements de notre cavalerie polonaise, l'un de chevau-légers (lanciers de la garde), l'autre du 7e régiment de lanciers de la Vistule, venaient d'arriver parmi les renforts envoyés à notre armée. Toute cette troupe était en bataille sur la place de la petite ville d'Oszmiana. L'officier d'ordonnance de l'Empereur fut frappé de la bonne tenue et de la vigueur de ces soldats qui, arrivant sans avoir jusque-là manqué de vivres, et conservant leur organisation régulière, faisaient un si grand contraste avec nos fantassins et nos cavaliers, exténués par la fatigue et de longues privations.

Le général wurtembergeois fut vivement étonné lorsqu'il sut que l'Empereur avait l'intention de passer outre. Il dit que le nombre des ennemis qui devançaient notre armée grossissait chaque jour.

Ces nouvelles inspirèrent quelque inquiétude, et l'on attendait l'Empereur avec impatience ; on présumait qu'il s'arrêterait un jour à Oszmiana, mais on calculait que d'autre part, si le lendemain il voulait continuer sa route, il retrouverait, en avant de lui, les détachements russes, peut-être instruits déjà de son passage. Un pareil secret, en effet, ne pouvait être longtemps gardé.

Pendant que l'on dissertait ainsi sur les chances périlleuses de l'entreprise, l'Empereur arriva ; il dormait profondément dans sa voiture. Le comte Wonsowicz l'éveilla et lui fit part de ce qu'il venait d'apprendre. L'Empereur s'en émut faiblement ; il avait d'avance prévu tous

2

ces dangers, il s'y exposait volontairement. Il demanda tout d'abord s'il aurait une escorte de cavalerie ; on lui annonça qu'il trouverait deux cent soixante-six lanciers.

« C'est fort bien, » dit-il ; puis il descendit de voiture pour parler au général commandant la place.

Napoléon demanda sa carte de Lithuanie et l'examina très-attentivement. Tous ses généraux lui conseillèrent de ne point s'exposer à un péril si évident ; quelques-uns d'entre eux le supplièrent d'attendre au moins le matin. Il repoussa ces avis. Se mettre en route en plein jour lui semblait le plus dangereux entre tous les partis à prendre. Somme toute, il ne tint aucun compte des observations qui lui furent faites. Après avoir réfléchi quelques instants, il dit à son officier d'ordonnance :

« Les lanciers polonais sont-ils prêts ?

— Oui, Sire; ils étaient tous là avant notre arrivée.

— Qu'ils montent à cheval. Il faut disposer l'escorte autour des voitures. Nous allons partir sur-le-champ; la nuit est suffisamment obscure pour que les Russes ne nous voient pas. D'ailleurs il faut toujours compter sur sa fortune, sur le bonheur; sans cela on n'arrive jamais à rien. »

Il demanda ensuite, pendant qu'on attelait, combien de lanciers de sa garde polonaise marcheraient avec lui.

« Nous sommes cent, » répondit l'officier qui les commandait, et la présence de cette troupe d'élite rassura complétement l'Empereur.

« Eh bien! dit-il, si nous sommes attaqués, les Polonais sont braves, nous saurons bien nous défendre. » Puis il monta résolûment en voiture.

Cependant, avant de donner le signal du départ, il appela encore une fois l'officier d'ordonnance, prit dans son coupé une paire de pistolets et les lui remit, en lui recommandant de se placer sur le siége avec le général Lefebvre-Desnouettes, dont la bravoure lui était garantie par de nombreux faits d'armes; le mamelouk Roustan entra dans un traîneau qui suivait immédiatement la voiture de l'Empereur, et le colonel Stoïkowski, commandant de l'escorte, reçut l'ordre de se tenir près de la portière.

Voici les paroles à jamais mémorables, qu'après tous ces préparatifs, l'Empereur adressa à ceux qui l'entouraient :

« Je compte sur vous tous, marchons ! Observez bien à droite et à gauche de la route. » Puis se tournant vers les deux hommes dévoués et sans peur auxquels il avait remis ses pistolets, il ajouta :

« Dans le cas d'un danger certain, tuez-moi plutôt que de me laisser prendre. »

Le comte Wonsowicz, profondément ému d'un ordre auquel on n'eût obéi que dans les siècles d'un paganisme barbare, dit alors :

« Votre Majesté permet-elle que je traduise à nos Polonais ce que je viens d'entendre ?

— Oui, faites-leur connaître ce que j'ai dit. »

Ces paroles furent répétées en langue polonaise, et les lanciers s'écrièrent tout d'une voix : « Nous nous laisserons plutôt hacher que de souffrir qu'on vous approche. »

C'est au milieu de ces cris d'enthousiasme et de dévoûment que le convoi se mit en marche.

Ce fut le 6 décembre, à deux heures du matin, dans une saison, et sous une latitude, où les nuits durent dix-sept heures, que Napoléon voulut affronter de tels dangers ! Le brouillard sur lequel on avait compté n'était pas également

2.

intense dans toutes les directions ; à peine sorti
d'Oszmiana, on put s'assurer, par la vue des
feux nombreux qui bordaient irrégulièrement
l'horizon, qu'on avait à traverser les campements ennemis. Les troupes russes qui venaient
d'attaquer cette ville, s'étaient retirées à peu
de distance ; c'est surtout à gauche de la route,
dans la direction de Nowosiadi, que leurs masses
principales s'étaient arrêtées. L'entourage de
l'Empereur lui avait conseillé de ne se mettre
en route qu'avec le jour, mais la décision la
plus téméraire, en apparence, celle de partir
sur-le-champ, était en réalité la plus sage.

Le point du jour est ordinairement à la guerre
l'instant d'un surcroît de vigilance ; les sentinelles redoublent d'attention, les vedettes avan-
cées prêtent l'oreille au moindre bruit. Les
chefs les plus actifs se lèvent, s'avancent dans
la direction d'où peut venir l'ennemi ; ils inter-
rogent les premières lueurs du matin...

Au contraire, pendant les nuits cruelles et interminables de ces froides régions, cette vigilance monotone épuise les plus courageux efforts. L'attention la plus persistante, la vigueur la plus énergique, en arrivent à se lasser.

L'Empereur avait donc raison de partir à l'instant même, contrairement à l'avis de son état-major, et de choisir la nuit pour quitter Oszmiana. Dès le matin de la seconde journée de marche, les événements donnèrent gain de cause à cet excès apparent de témérité. On a su depuis que, suivant les prévisions du général wurtembergeois, la ville fut de nouveau attaquée au point du jour.

Lorsque l'Empereur sortit d'Oszmiana, après s'y être arrêté environ une heure, le ciel était voilé, mais le blanc linceul qui couvrait la plaine répandait assez de clarté pour que les voitures et les deux cent soixante-six cavaliers

qui les suivaient en partant ne se perdissent pas
de vue. Cette escorte réussit donc à marcher
en file continue et dans la même direction. Ce
cortége silencieux pouvait entendre la voix des
sentinelles ennemies, apercevoir les feux de
ses bivouacs qui brillaient dans le lointain; mais
de pareilles clartés sont visibles au milieu de
la nuit à de très-grandes distances, souvent à
plusieurs lieues; tandis que la ligne noire de la
troupe en marche ne se dessinait pas assez distinctement pour que les Cosaques, placés en
vedette ou rôdant en patrouilles, se rendissent
un compte exact de ce qu'ils voyaient, s'ils
voyaient quelque chose. Si le ciel eût été lim-
pide, étoilé, comme dans les nuits précédentes,
sans nul doute ce corps eût été attaqué. Si, au
contraire, ce ciel de la Russie avait fait tomber
en ce moment l'un de ces redoutables chasse-
neige si fréquents dans cette saison, les voitures
et leur escorte se seraient infailliblement éga-

rées et dispersées. Tous les hasards se réunirent donc pour protéger la marche de l'Empereur.

Quant au froid, devenu si intense depuis quelques jours, sa rigueur fut moins désavantageuse aux voyageurs qu'à leurs ennemis. Les lanciers polonais, il est vrai, ne purent pas tous suivre celui auquel ils venaient d'offrir leur vie ; pour un grand nombre d'entre eux, hélas ! ce noble sacrifice fut consommé. A quelques lieues d'Oszmiana, leur nombre était réduit à cinquante au plus. En revanche, ce froid meurtrier, qui terrassait les chevaux ou faisait tomber les cavaliers, sans aucune possibilité de secours, retenait nos ennemis près de leurs feux et sous l'abri des forêts qui bordaient la plaine.

Il faut une grande résolution pour s'arracher à ces foyers réparateurs, une rare audace pour aller attaquer, sur la neige, dans la nuit, un convoi suivi d'une escorte dont on ignore la force.

Dans la position où se trouvaient réciproquement les deux troupes armées, le courage agressif se glaçait dans les cœurs bien avant le sentiment de la défense. Les deux hommes énergiques que leur souverain avait placés sur le siége de sa voiture, veillaient, le pistolet au poing, dans les passages les plus périlleux, tandis qu'à peu de distance, les Cosaques, aussi épuisés que leurs adversaires, dormaient dans leurs fourrures ou restaient indécis au milieu de la brume et des ténèbres.

Dans cette nuit du 6 décembre, beaucoup de cavaliers, qui formèrent les escortes successives d'un relais à l'autre, périrent victimes de leur dévoûment. Au point du jour, quand on atteignit la poste de Rownopole, les Polonais n'étaient plus que trente-six !...

Dans le détachement de la garde à cheval

napolitaine qui les remplaça au relais suivant, le duc de Rocca-Romana, qui le commandait, eut les mains gelées : le thermomètre descendit jusqu'à 28 degrés Réaumur !

Telle fut, d'après un récit authentique, cette première et terrible nuit d'un voyage si diversement jugé ; mais le péril qui menaçait une grande destinée diminuait à chaque pas. On franchissait rapidement les cours d'eau, les marais glacés, et ces vastes solitudes interrompues à de longues distances par de sombres forêts de sapins. A chaque village, on recueillait des informations sur la marche des partisans ennemis : sur quelques points de la route, ils avaient attaqué les colonnes qui venaient au-devant de l'armée ; ici, les Cosaques avaient paru la veille ; plus loin, on reconnaissait leurs traces récentes empreintes sur la neige ; mais nulle part leur apparition fortuite ne vint arrêter la voiture de Napoléon, qui, parfois, séparée de celles de ses

compagnons de route, et souvent privée de
toute escorte, n'était plus qu'un point imper-
ceptible, isolé, perdu dans une étendue sans
limites.

CHAPITRE III

Lorsque le jour parut, on recueillit, pendant quelques heures du moins, le bénéfice de cette marche hardie. On venait de mettre en défaut la vigilance d'un corps nombreux, on atteignit une route complétement déserte. Le combat de la veille, la canonnade de l'attaque d'Oszmiana avaient attiré et concentré sur ce point toutes

3

les troupes ennemies qui se trouvaient à portée ; l'Empereur arriva donc sans obstacles au
troisième relais, à la ville de Miedniki.

Il m'a semblé intéressant, depuis que les informations bien garanties qui précèdent m'ont
été fournies, de rechercher, d'autre part, quels
furent exactement l'étendue des dangers et le
nombre des ennemis auxquels l'Empereur eut
le bonheur d'échapper en sortant d'Oszmiana.

J'avais parcouru de nouveau pacifiquement,
en 1828, une partie de ces contrées. Une année
après, pendant ma mission à Saint-Pétersbourg,
j'ai revu plusieurs des généraux et officiers de
ces troupes légères, et, entre autres, le prince
Tchernicheff, devenu ministre de la guerre de
l'empereur Nicolas. Nous avons amicalement
parlé de l'époque où nous nous trouvions comme
ennemis en face l'un de l'autre. J'ai plus tard
interrogé les documents militaires français,

russes et allemands, relatifs à toutes les opérations de cette campagne. Ce que j'ai trouvé de
plus précis est contenu dans un rapport fait à
l'empereur Alexandre, et inséré dans la *Gazette
de Lemberg* du 19 janvier 1813.

L'un des corps de troupes qui opéraient en ce
moment dans ces contrées faisait partie de l'armée que l'amiral Tchichagoff avait amenée de
Moldavie jusqu'à la Bérésina, et que nous
avions combattue huit jours auparavant. Il pa-
raîtrait qu'une partie de ces troupes avait passé
cette rivière sur un autre point que l'armée
française, probablement dans des endroits
guéables indiqués par les habitants. L'attaque
en question aurait été commencée par le colonel Seslavine ; son détachement se composait
de Cosaques, de cavalerie régulière et d'artillerie légère portée sur des traîneaux. D'après ce
rapport, la garnison d'Oszmiana se serait élevée
à neuf bataillons et mille cavaliers. Cette éva-

luation de nos troupes rassemblées sur ce point
diffère de la relation du comte Wonsowicz
et paraît inexacte, surtout en ce qui concerne
la cavalerie. Selon cette version russe, le colonel Seslavine aurait attaqué la ville à la nuit
tombante. Cette avant-garde, composée de
hussards des régiments d'Aktirka et d'Isioum,
y aurait pénétré inopinément, et aurait fait
éprouver de grandes pertes à l'infanterie de la
garnison, surprise au moment où elle ne s'y attendait pas. Le bulletin russe raconte que les
magasins furent incendiés, et que le commandant de la place fut contraint de sortir d'Oszmiana, poursuivi par la cavalerie victorieuse. Il est
certain, cependant, qu'à une heure du matin
environ, le général wurtembergeois était au
milieu de la ville, à la tête de sa troupe en fort
bon ordre, et que ce fut cet officier qui instrui-
sit l'Empereur de ce qui venait de se passer. En
définitive, ce combat de nuit paraît avoir été

l'une de ces affaires compliquées et confuses
que chacun raconte d'une façon différente,
parce que personne n'a pu, au milieu de l'obs-
curité, bien voir ce qui se passait.

Lorsque, dans les deux jours suivants, l'armée en retraite traversa Oszmiana, nous vîmes
bien, sans doute, plusieurs bâtiments récemment brûlés, et les sanglants vestiges d'un combat, qui s'était renouvelé autour de cette ville,
le lendemain du passage de l'Empereur. Des
cadavres de Cosaques et de hussards russes
s'apercevaient au bord de la route, mais ce
spectacle et celui de l'incendie des villes et des
villages nous étaient si habituels, que nous y
fîmes peu d'attention. Nos généraux apprirent,
ce qui pour nous était l'essentiel, que Napoléon
avait passé sans obstacle et sans retard; on
leur dit qu'immédiatement après son départ effectué avec une escorte de lanciers polonais,
aucune fusillade n'avait été entendue dans la

direction qu'il avait suivie; on en concluait
qu'il avait traversé les campements ennemis
sans être attaqué. On peut affirmer cependant,
d'après les rapports nombreux et tous concor-
dant sur les faits généraux, qu'à l'époque de
son rapide passage sur la route de Smorgoni à
Wilna, un grand nombre de forts détachements
ennemis nous y avaient devancés ; les uns
avaient passé la nuit du 5 au 6 décembre tout
près d'Oszmiana, les autres se trouvaient dissé-
minés à droite et à gauche de cette ville. Je me
contenterai de citer, toujours d'après les bulle-
tins russes, le nom des chefs des troupes diverses qui opéraient dans ces régions. C'étaient
les Cosaques de Platoff, plusieurs régiments de
cavalerie de ligne, entre autres celui des lanciers
de Volhynie, enfin les détachements commandés par les généraux Lanskoï, Nikitine, Kaïssa-
roff, Ourourk et autres.

En suivant attentivement sur la carte les in-

dications contenues dans ces rapports multi-
pliés, et en comparant les dates, on reconnaît
la justesse de la relation du comte Wonsowicz.

C'est en cheminant de Smorgoni à Oszmiana
que l'armée apprit la nouvelle du départ de
l'Empereur; elle fut accueillie diversement dans
les régiments et dans les états-majors, suivant
le caractère de chacun. On rencontra quelques
renforts marchant au-devant de nous et quelques rares convois de vivres; mais c'était là
d'assez faibles ressources.

L'Empereur, en partant de Smorgoni, avait
désigné ceux de ses officiers d'ordonnance qui
lui seraient successivement expédiés pour lui
apporter les nouvelles de l'armée. Par son ordre, le duc de Vicence, avant de partir, les avait
rassemblés pour leur annoncer cette détermination. Les courriers et les messagers militaires
étaient si exposés à se voir arrêtés sur la route,

qu'il était nécessaire d'en multiplier le nombre.
Le grand écuyer avait réglé ce service important;
chacun de ces officiers fut informé d'avance
de son point de départ. Déjà M. Anatole de
Montesquiou avait été envoyé à l'impératrice
Marie-Louise, immédiatement après le passage
de la Bérésina. Il était porteur des lettres qui
annonçaient que le plus grand des dangers en-
courus par notre armée avait été conjuré,
grâce aux habiles dispositions stratégiques de
l'Empereur, à l'heureuse coopération de ses
lieutenants, et surtout, comme cause immé-
diate et directe, grâce à l'héroïque dévoûment
de nos pontonniers, de ces braves soldats du
général Eblé. Ils avaient été obligés, pour construire les ponts qui sauvèrent l'armée, de rester pendant des heures entières dans une eau
à moitié gelée et charriant des glaçons. Un grand
nombre d'entre eux y avaient péri.

MM. Gourgaud, de Mortemart, Christen et plu-

sieurs autres officiers, partirent à un jour d'intervalle. M. de Mortemart[1] reçut de Smorgoni
l'avis qu'il se mettrait en route pour Paris le
jour où l'armée aurait atteint Wilna. Il marcha
donc avec nous pendant plusieurs journées et
rencontra successivement nos principaux chefs.

Il parla au duc de Reggio, qui, blessé à la
Bérésina et voyageant en avant de l'armée,
avait été attaqué par une troupe de Cosaques, et défendu par ses aides de camp et une
vingtaine d'officiers et soldats rassemblés à
la hâte[2]. Il s'entretint avec le prince d'Eck-
mühl, dont l'inébranlable fermeté de langage
et d'action ne se démentait point. Il rencontra sur sa route la plupart de nos maréchaux ; chacun d'eux le chargea de renseignements qu'il devait, de leur part, répéter à
l'Empereur : ils avaient sous les yeux le dou-

---

[1] Le duc de Mortemart, aujourd'hui sénateur.
[2] *Voir* à l'appendice le note A.

3.

loureux spectacle d'une armée mourante ; mais, tous, ils exprimaient le désir de prendre leur revanche dans une autre campagne, et même l'espérance d'arrêter bientôt l'armée ennemie.

Le maréchal Lefebvre, duc de Dantzick, ce vaillant chef de l'infanterie de la vieille garde, mit dans ses paroles la rude franchise dont il avait l'habitude. Après s'être fait raconter à peu près tout ce que les autres maréchaux faisaient dire à l'Empereur :

« Tout cela est bel et bien, s'écria-t-il ; mais vous ajouterez de la part du duc de Dantzick, qu'il n'y a qu'une muraille de pain qui puisse faire faire halte à tous ces soldats affamés. »

M. de Mortemart, en arrivant aux Tuileries, s'acquitta de sa commission, en répétant textuellement ces paroles.

L'armée ne souffrait pas seulement de la faim, elle avait encore de douloureuses, de rudes épreuves, de bien cruelles privations à subir

avant d'en arriver au terme désiré ; ce n'est
qu'au delà de la frontière russe et dans les pe-
tites villes de la Prusse orientale, Insterbourg
et Gumbinen, que devait cesser pour nous le
spectacle du dénûment et de la désorganisation.
Ce n'est qu'au delà du Niémen que nous pou-
vions retrouver des régiments entiers avec leur
ferme contenance, et voir se reformer la puissante armée dont les succès, dans les premiers
mois de 1813, devaient encore faire battre nos
cœurs d'orgueil et d'espérance.

Dans cette petite ville de Miedniki, siége de
l'évêché de Samogitie, l'Empereur trouva son
ministre des affaires étrangères qui, parti la
veille de Wilna, était venu à sa rencontre. Ce
ministre remplaça le duc de Vicence dans la
voiture impériale.

L'Empereur oubliait en ce moment tous les
périls personnels qui le menaçaient encore,
pour concentrer sa pensée sur les informations

que lui apportait son habile et fidèle ministre.
Cette conversation, qui pouvait être à chaque instant interrompue par l'apparition d'une
troupe ennemie, le mit complétement au courant de la situation de l'Europe et de la disposition des esprits dans les contrées qu'il avait à
traverser.

Le duc de Bassano avait été installé à Wilna
avec l'élite de ses bureaux depuis le mois de
juillet. Une partie du corps diplomatique étran-
ger accrédité à Paris l'avait suivi, en profitant
d'un malentendu, et contrairement au désir de
l'Empereur qui, pressentant un contrôle conti-
nuel et peut-être hostile de ses opérations de
guerre, voyait dans ce voisinage plus d'inconvénients que de profit. Ces organes politiques,
correspondants toujours si actifs par devoir et
par coutume, se trouvant transportés si loin de
leur résidence habituelle, avaient en ce moment
une tâche nouvelle et fort délicate à remplir;

ils étaient en relation suivie avec le ministre des affaires étrangères, comme s'ils eussent résidé à Paris. L'hospitalité la plus recherchée et les fêtes données à la noblesse lithuanienne avaient continué pendant la campagne de Moscou. Tous ces ministres ou chargés d'affaires étrangers, excepté ceux du Danemark et des États-Unis, parlaient au nom des souverains dont les troupes combattaient pour nous en Russie. Le duc de Bassano était donc entouré à Wilna des représentants de nos alliés, parmi lesquels l'Autriche d'une part, la Prusse de l'autre, s'étaient montrées pendant toute cette guerre de 1812, d'une fidélité irréprochable, bien qu'il fût très-loin de leurs intérêts et de leurs sentiments de faire des vœux pour nos succès contre les Russes.

Quelles que fussent au fond les dispositions personnelles que le duc de Bassano avait pu pressentir parmi quelques-uns des membres du corps diplomatique rassemblés à Wilna, il se trouvait à la source des informations quotidiennes comme s'il n'eût pas quitté l'hôtel des affaires étrangères; il fut donc en mesure d'exposer à l'Empereur, aussi complétement que possible, une situation politique très-compliquée.

Nous sommes si éloignés de cette époque, tant d'événements inattendus se sont succédé dans cet intervalle de quarante-neuf années, tant d'amitiés jugées improbables, tant d'inimitiés réputées impossibles, tant d'ingratitudes prédites à l'avance, sont venues étonner le monde politique; tant de promesses fallacieuses et de transactions illusoires ont été enregistrées dans les annales diplomatiques, qu'on peut aujourd'hui, sans étonner ni froisser personne, rappeler la nuance, les degrés et les causes finales du refroidissement progressif et de la rupture de nos alliances de 1813.

Rendons d'abord, d'après les souvenirs irré-
cusables et sacrés du champ de bataille, entière
justice à la conduite des troupes auxiliaires des
nations si diverses qui suivirent, en 1812, les
aigles de Napoléon. L'honneur et la discipline
militaires sont des liens si puissants, le pres-
tige de l'Empereur était si entraînant, que les
soldats des pays les moins favorables et même
les plus hostiles à sa cause eurent, pendant
plusieurs années, la noble ambition de se dis-
tinguer sous ses yeux.

Je puis citer à cet égard plusieurs exemples
bien remarquables. Nous soutenions alors dans
la péninsule ibérique une guerre acharnée, re-
grettable dans son principe et dans ses résultats, et cependant un corps espagnol, le régiment de Joseph Napoléon, placé sous les ordres
du comte de Bourmont, combattit vaillamment
à nos côtés. La loyauté et le courage castillans
ne se démentirent point. Il en fut de même de

toute une légion portugaise, composée d'infan
terie et de cavalerie. Elle se fit remarquer par
sa bravoure et son élan, à la bataille de Valou-
tina, en avant de Smolensk, où elle éprouva
des pertes considérables. Cette légion prit part
à tous les combats de cette campagne, et fit la
retraite avec nous, à travers les neiges.

Sa cavalerie, partie des bords du Tage, fut
même, chose étrange, remarquée parmi celles
qui résistèrent le plus longtemps aux rigueurs
du froid. A la bataille de la Bérésina, sous la
meurtrière canonnade qu'affrontèrent ensemble, sur la route qui traverse la forêt de Vieliki-
Stakoff, le prince de la Moskova et le duc de
Trévise [1], ces deux maréchaux n'avaient pour
escorte que des chasseurs à cheval portugais,
commandés par le marquis de Loulé; les boulets
russes firent de larges trouées dans leurs rangs.

[1] *Voir* à l'appendice la note B.

A la sanglante bataille de Krasnoë, la brigade d'infanterie de Hesse-Darmstadt, commandée par le prince Émile de Hesse, alors
âgé de dix-neuf ans, fut placée par le duc de
Trévise en avant de nos lignes, sur la crête
du ravin de Losmina, où ces auxiliaires allemands, deux régiments de jeune garde et les
grenadiers de la garde hollandaise, remplirent
la tâche ardue de tenir tête à l'armée russe de
Kutusoff pendant toute une journée. Quant au
contingent prussien, il se sépara de nous le
30 décembre. Mais, durant toute cette campagne de 1812, il avait rivalisé d'ardeur et de
courage avec les troupes françaises et polonaises, qui se trouvaient devant Riga ; et, selon
l'expression du duc de Tarente [1], contenue dans
une lettre que j'ai sous les yeux, il s'y cou-
vrit de gloire.

[1] *Voir* à l'appendice la note C.

La nation prussienne n'en était pas moins hostile à Napoléon. Dans le reste de l'Allemagne, les armées étaient encore attachées à notre cause, bien que ce grand revers nous eût enlevé beaucoup de partisans. Dans les villes, l'opposition du parti national allemand faisait d'immenses progrès. Les ordres de Berlin maintinrent, alors et pendant quatre mois encore, cette sourde agitation dans les limites du murmure et du mauvais vouloir; car le roi de Prusse était, à cette époque d'intrigues anglaises et d'incertitude continentale, personnellement très-indécis; les malheurs accablants de notre armée ne lui paraissaient pas encore un motif suffisant pour changer de politique.

Il faut ajouter ici que la détermination prise par le général prussien York de quitter le corps du duc de Tarente, n'avait pas encore eu lieu à cette époque de la conversation de l'Empereur avec le duc de Bassano. Cet événement du

31 décembre s'était effectué contrairement à la volonté du roi Frédéric-Guillaume III.

L'appréciation générale de cette situation des esprits en Allemagne dut tracer la route à suivre pour arriver en France. Il n'y avait sans doute pas de dangers personnels à craindre en traversant ces contrées, mais l'Empereur, d'après le tableau que lui présentait son ministre, voulut éviter de se trouver, dans des circonstances aussi délicates, en présence du roi Frédéric-Guillaume III. Un regard jeté sur la carte prouve que le détour qu'il fit était presque insignifiant. L'intention de recueillir en route des informations sur toutes les faces de la question politique du moment avait dû beaucoup influer sur le tracé de son itinéraire, et, à cet égard, il avait intérêt à passer par Varsovie plutôt que par Berlin [1].

[1] *Voir* à l'appendice la note D.

C'est à Smorgoni qu'il avait calculé toutes les chances, pesé les avantages et les inconvénients de la détermination qu'il allait prendre. Il pouvait, à ce moment, continuer sa marche au milieu de son armée et arriver jusqu'au Niémen, que nous atteignîmes sans combat sérieux, quoique suivis, mais de loin, par l'armée russe. S'il eût marché au milieu de nos colonnes en retraite, son arrivée à Paris n'eût été retardée que de cinq jours au plus; mais cinq jours perdus dans des moments si graves pouvaient avoir de fâcheuses conséquences. Il choisit donc, avec un parfait discernement, un calme impassible, le parti qui convenait le mieux à sa féconde activité et aux intérêts pressants de sa politique.

CHAPITRE IV

DE MIEDNIKI A WILNA, DE WILNA AU NIÉMEN. — DANGER COURU
PAR L'EMPEREUR A KOWNO, DERNIÈRE VILLE DE RUSSIE. —
ARRIVÉE A VARSOVIE. — ENTREVUE AVEC L'ABBÉ DE PRADT, SON
AMBASSADEUR EN POLOGNE. — ARRIVÉE A DRESDE. — ENTREVUE
AVEC LE ROI DE SAXE FRÉDÉRIC-AUGUSTE.

Le trajet de Miedniki à Wilna s'exécuta sans
qu'on eût rencontré les partisans ennemis. Il
est à présumer que la température meurtrière
qui continuait à sévir écartait, pour le moment,
les détachements des corps divers rôdant aux
environs, et se réfugiant la nuit dans les villages assez éloignés de la grande route pour
n'avoir pas été dévastés.

L'Empereur, depuis son départ, avait souvent dû voyager sans aucune escorte; lorsqu'il

approcha de Wilna, on décida que, pour conserver son incognito, il ne traverserait pas cette
ancienne capitale du grand-duché de Lithuanie.
Il en fit le tour et s'arrêta quelques heures avec
le duc de Bassano, dans une maison de campagne à moitié brûlée du faubourg. Il eût été
facile, sans doute, de trouver parmi la noblesse
polonaise ou lithuanienne des cavaliers, heureux d'entourer sa voiture dans les derniers
moments de sa course hasardeuse; mais l'avan-
tage incertain d'avoir près de soi, au commencement de chaque relais de poste, quelques
hommes dévoués, contraints probablement,
par l'état des chemins, de se voir bientôt dis-
tancés et laissés en arrière, était plus que
compensé par la crainte d'éveiller les soupçons
d'une ville dans laquelle nos ennemis avaient
conservé de nombreuses intelligences.

Tout danger n'était pas encore passé, loin de
là : à Kowno, près du Niémen, pendant la courte

halte qu'on fut forcé de faire pour changer de
chevaux, des cris et quelques coups de feu se
firent entendre, dans la direction de la porte
par laquelle on venait de passer peu d'instants
auparavant. — En prêtant l'oreille, on reconnut
distinctement les cris habituels que poussent
sent les Cosaques lorsqu'ils attaquent ou
menacent leur ennemi. Un de leurs détachements
ments venait d'affronter, dans une reconnaissance,
sance, les coups de fusils des soldats français
préposés à la garde de cette porte. — Une
demi-heure plus tôt, ce détachement, l'un de
ceux qui erraient au hasard dans le pays, eût
rencontré en rase campagne la voiture, isolée
et sans défense, qui n'avait plus que quelques
pas à faire pour être à l'abri de tout danger.
L'Empereur, au moment de se remettre en
route, dit en riant à ses compagnons de voyage :

« Les entendez-vous ? Avouez que cette fois
nous l'avons échappé belle. »

Bientôt sa voiture passait ce Niémen que, six mois auparavant, la plus puissante armée des temps modernes avait franchi sous ses yeux. Ce fleuve, alors glacé, n'était plus une barrière pour les incursions ennemies. Les Cosaques de l'hetmann Platoff l'avaient récemment traversé plusieurs fois ; mais chaque lieue parcourue au delà de cette frontière voyait diminuer la chance de les rencontrer. La route, à partir de la ville de Kowno, s'éloignait perpendiculairement au fleuve ; puis faisant un coude vers le midi, elle se dirigeait à travers une population toute polonaise.

Au relais de Gragow, on s'aperçut que le coupé de l'Empereur, en raison de la neige épaisse qui couvrait la route, n'avançait plus qu'avec les plus grandes difficultés ; on dut penser à le remplacer par un traîneau. L'Empereur ordonna en conséquence au comte Wonsowicz d'y pourvoir. Le maître de poste dit alors que

le seigneur du lieu avait fait construire pour
sa fille, qui venait de se marier, une berline
très-commode, montée sur patins de traîneau. Ce seigneur polonais refusa d'abord de
la vendre, quelque prix qu'on lui en offrît;
il ne se rendit aux instances réitérées qui lui
furent faites, qu'en apprenant que cette voiture
était destinée à l'Empereur; il ne demanda
pour récompense que de lui être présenté.
L'Empereur y consentit, mais ne voulut pas
accepter ce cadeau et lui fit donner 1,000 du-
cats ou 10,000 fr.

La berline fut attelée sans tarder, l'Empereur y entra avec le duc de Vicence et le comte
Wonsowicz; le mamelouk fut placé sur le siége
la suite n'étant pas encore arrivée, fut laissée
en arrière et ne rejoignit qu'à Paris. Le général
Lefebvre-Desnouettes seul put suivre dans un
petit traîneau qu'il se procura sur-le-champ.

Le voyage jusqu'à Varsovie s'effectua ra-

4

pidement sans aucun incident remarquable.

C'est à Wilna que l'Empereur avait annoncé
qu'il passerait par cette capitale et par Dresde:
« J'ai, dit-il, toute confiance dans la population
polonaise; en outre je serai heureux de voir
mon ami le roi de Saxe. »

Ce monarque, dont le règne de cinquante-
neuf ans offrit le modèle de toutes les vertus
publiques et privées, se montra toujours digne
de ce nom d'*ami* que Napoléon lui donnait
dans de pareilles circonstances. L'année suivante, l'Allemagne tout entière se détacha de
notre alliance; mais le roi Frédéric-Auguste
conserva, jusqu'au dernier moment, les sentiments tout personnels que Napoléon lui avait
inspirés.

Dès que l'Empereur eut franchi le pont de
Praga, il descendit de voiture pour entrer dans
Varsovie, et voulut se rendre à pied à l'hôtel
d'Angleterre, où un logement lui avait été pré-

paré. Il demanda qu'on le conduisît à cet hôtel
par le faubourg de Cracovie, la plus large rue
de Varsovie à cette époque.

« J'aimerai à me retrouver dans cette rue,
dit-il, parce que j'y ai passé autrefois une
grande revue. »

Après cinq années, les souvenirs que lui rap-
pelaient les champs de bataille de Pultusk et de
Golymine, qu'il venait de parcourir, et la vue
de cette ville où il rassembla son armée, étaient
chers à son cœur. Dans la revue dont il venait
de parler figuraient les troupes qui allaient
faire les glorieuses campagnes d'Eylau et de
Friedland, suivies du traité de Tilsitt, brillante
apogée de sa prospérité et de sa puissance. Il
aimait à se reporter vers cette époque où sa
fortune n'avait encore reçu aucune atteinte;
mais les circonstances avaient bien changé!

Il traversa toute la ville; le faubourg de Cracovie était en ce moment couvert de prome-

neurs. Il arriva, par la porte Trambacka, au
logement qu'on lui avait indiqué; ni lui ni le
comte Wonsowicz, qui lui servait de guide,
n'éveillèrent l'attention. Deux autres personnes
de sa suite marchaient à quelque distance.
L'Empereur portait de larges bottes fourrées;
il était vêtu d'une magnifique pelisse recou-
verte d'un velours vert à brandebourgs d'or; il
portait, en outre, un capuchon également en velours vert; son visage était presque entièrement
caché; il ne fut donc reconnu de personne. On ne
sut que le lendemain la nouvelle de son passage.

L'Empereur, à peine installé dans son logement, fit appeler l'abbé de Pradt, archevêque
de Malines, son ambassadeur en Pologne. Il
voulut voir également le comte palatin Stanislas
Potocki, l'homme le plus considérable du grand-
duché; il s'entretint avec lui ainsi qu'avec les
principaux membres du conseil général de la
confédération polonaise. Ce conseil, composé

de dix membres, avait été pendant toute cette guerre investi d'une grande autorité.

L'archevêque de Malines se rendit en toute hâte auprès de son souverain; mais la façon dont il a rendu compte de cette entrevue, dans le livre odieux publié depuis sous le titre d'*Histoire de l'ambassade de Varsovie*, prouve qu'il venait alors, guidé plutôt par la malveillante curiosité d'un fonctionnaire inquiet sur son propre sort et d'un vaniteux désappointé, que par les sentiments d'un cœur patriotique ému à la nouvelle de ces premiers revers succédant à tant de prospérités.

L'auteur de l'*Histoire de l'ambassade de Varsovie* rapporte, comme l'aurait fait, en pleine guerre, l'un des ennemis que nous combattions alors, chacune des paroles, chacun des gestes du souverain qui l'avait fait appeler pour lui parler avec une entière confiance. Tout ce qu'il lui dit dans l'intimité de cet entretien devait plus

4.

tard être divulgué avec des commentaires rem-
plis d'amertume et d'ironie. — Au lieu de donner en ce moment un souvenir de sympathie à
cette brave armée qui lutte encore contre la faim
et les éléments meurtriers, il se complaît à lire
dans les regards de l'Empereur la profonde douleur qui l'oppresse. Un jour, quand ce colosse
de gloire sera tombé, il usera dans un esprit de
vengeance de chacune des paroles qu'il a soi-
gneusement recueillies ; ces paroles, cependant,
n'avaient été prononcées devant lui que parce
qu'il était revêtu de fonctions qui imposent,
comme un devoir sacré, le dévoûment et la dis-
crétion ! Détournons nos regards d'un pareil
spectacle[1].

L'Empereur quitta Varsovie le 10 décembre
à sept heures du soir. Il suivit la ligne directe
de Lenczicza, Glogau et Bautzen. La fatigue de

[1] Voir à l'appendice la note E.

la route avait tellement éprouvé ses compagnons de voyage, affaiblis déjà par les privations de la retraite, que pendant qu'il interrogeait le gouverneur de Glogau sur la situation de cette forteresse, le comte Wonsowicz, assis à table, s'endormit et tomba de sa chaise sur le parquet du salon. L'Empereur ne le fit éveiller qu'au moment du départ.

On arriva à Dresde le 14, à deux heures du matin. Napoléon y descendit chez son ministre, le baron de Serra. Cette arrivée était inattendue pour tout le monde. L'Empereur recommanda de ne pas en répandre la nouvelle. Le comte Wonsowicz fut toutefois envoyé sur-le-champ au palais du roi pour annoncer cette visite. Le séjour à Dresde devait être aussi court que possible.

Il fut très-difficile de pénétrer dans l'intérieur du château, et plus difficile encore, à une heure aussi avancée de la nuit, de faire parvenir ce message au roi. Par une circonstance heureuse, l'aide de camp de service était un officier polonais, naturellement bien disposé en faveur de son compatriote. Le comte Wonsowicz insista si vivement qu'on l'introduisit jusque dans la chambre à coucher du roi Frédéric-Auguste. Ce prince, réveillé en sursaut, contempla d'abord, du fond de son lit, avec surprise et un peu de méfiance, cet inconnu qui s'annonçait de la part de l'empereur Napoléon, et dont le costume richement brodé, mais délabré par une longue route, était pourtant la preuve, ou tout au moins la fidèle image de ce qu'il racontait.

Le monarque saxon, dont le cœur était accessible à tous les bons sentiments, s'émut vivement au récit de pareils désastres. Il dit au comte Wonsowicz qu'il ne voulait pas que l'Empereur, fatigué d'un tel voyage, se dérangeât pour venir au palais. Il ajouta qu'il allait se lever pour se rendre auprès de son allié.

Comme les écuries étaient assez éloignées, et comme les voitures de la cour ne pouvaient pas être prêtes en un instant, le roi prit à la hâte l'une des chaises à porteurs de louage qui se trouvaient dans le voisinage, et partit pour le logement indiqué.

Cet événement nocturne, si étrange, jeta le trouble dans l'antique résidence électorale, soumise à l'étiquette la plus méthodique, au calme le plus uniforme. Le roi se levant au milieu de la nuit à la requête d'un inconnu armé et vêtu d'un costume singulier, le roi disparaissant en chaise de louage sans dire à aucune des personnes de sa cour où il allait, c'en était assez pour donner lieu à tous les commentaires, aux plus vives inquiétudes. La reine de Saxe, sœur du roi Maximilien de Bavière, princesse déjà avancée en âge, fut effrayée au point d'avoir une attaque de nerfs. Les aides de camp et les autres personnes

de l'intimité accoururent au palais et s'interro-
gèrent avec effroi. Les bruits les plus sinistres
se répandirent jusqu'au moment où l'on apprit
que le roi s'était rendu rue de Pirna, chez le ministre de France. On commença dès lors à se
rassurer. On eut beaucoup de peine à calmer
les vives inquiétudes de la reine; elle ne pouvait
comprendre quel pouvait être ce voyageur mys-
térieux dont les instances avaient déterminé le
roi à une démarche si éloignée de ses habitu-
des. Toute pensée de violence disparut pourtant
peu à peu; mais il s'écoula quelque temps avant
qu'on eût deviné que cet officier était un mes-
sager de l'empereur Napoléon.

On savait d'ailleurs que l'*inconnu* avait été
accompagné, d'après l'ordre du roi, par un
lieutenant de ses gardes. On était donc certain
qu'il n'y avait eu ni enlèvement ni contrainte.
Toutefois, on ne fut complétement rassuré que
lorsque les porteurs de la chaise revinrent, avec

l'ordre de faire préparer une voiture de la cour, pour ramener au palais le souverain vénéré.

Frédéric-Auguste Ier était petit-fils du roi de Pologne, Auguste III. Ce prince avait vu son électorat de Saxe, augmenté du cercle de Cotbus en Lusace, érigé en royaume par le traité de Posen, du 11 décembre 1806. Il adhéra par ce traité à la confédération du Rhin, le 12 juillet de la même année. Le traité de Tilsitt, conclu les 7 et 9 juillet 1807, lui conféra le grand-duché de Varsovie, renouant ainsi les liens qui avaient uni à la Pologne l'ancienne et illustre maison de Saxe.

Ce premier roi de Saxe fut, de tous les princes allemands devenus alliés de la France, celui auquel cette alliance procura les plus grands avantages. Il s'en montra toujours reconnaissant.

L'entrevue des deux souverains fut très-affectueuse. L'Empereur raconta à cet ami fidèle les circonstances principales de la malheureuse expédition. Il ne dissimula aucune des fautes d'un passé aussi récent, mais il montra une ferme confiance en parlant de ce qui allait advenir, et de ce qu'il ferait à son arrivée en France. Il annonça son prochain retour avec une armée formidable.

Après ces premières paroles, dites devant sa suite, l'Empereur causa sans témoins avec le roi de Saxe pendant une heure, puis il vint se mettre à table et soupa en sa présence.

Pendant ce temps, on avait fait des préparatifs de départ. Il fallait en effet se hâter; on désirait n'être attendu sur aucun point de la route.

Comme le traîneau qui avait servi jusqu'alors à l'Empereur ne pouvait pas aller plus loin, il fut remplacé par une voiture de la cour, très-solidement établie sur des patins de traînage; cette voiture fut approvisionnée par les caves et les cuisines du château.

L'Empereur et sa suite, de plus en plus di-
minuée, se remirent en route à huit heures du
matin. Le roi de Saxe, qu'on avait réveillé à
trois heures, était resté pendant tout ce temps
auprès de lui et ne retourna au palais qu'après
son départ.

Huit mois après, à Dresde, pendant la campagne de 1813, j'ai revu le baron de Serra. Il
m'a parlé alors de la profonde émotion qu'il
avait éprouvée en voyant arriver chez lui notre
Empereur, à peine échappé à ces dangers de
mort ou de captivité.

L'abbé de Pradt, au mois de décembre 1812,
quittait l'ambassade de Varsovie, en méditant
son libelle ; à la même époque, le ministre de
l'Empereur à Dresde consacrait son talent de
poëte et d'auteur latin à perpétuer le souvenir
du séjour que Napoléon venait de faire dans sa
maison. On peut, aujourd'hui que les lettres
classiques jouissent peut-être d'un peu moins

5

de faveur et de vogue, sourire à cette manifes-
tation d'un dévoûment sincère ; mais en me
reportant à l'esprit de cette époque, j'ai pensé
devoir rapporter cette pièce historique.

AD DOMUM SUAM
QUUM DRESDAM NECOPINATO ADVENTANS STATIM POST IDUS DECEMBRIS
DE TERTIA NOCTIS VIGILIA HOSPES EO DIVERTERET

IMP. CÆS. AUG. NAPOLEO

SIS QUAMVIS HUMILIS NITEANT NEC MARMORE POSTES
AST FIDEI SEDES NON CARITURA DEO
JAM NON INVIDEAS REGUM PENETRALIBUS UNA
HOSPITIO LICUIT CÆSARIS ESSE SACRAM.

Le baron de Serra, ministre de France à Dresde [1].

[1] « A ma maison, dans laquelle l'Empereur César-Auguste
Napoléon, arrivant inopinément à Dresde, la troisième heure
de la nuit qui suit les Ides de décembre, daigna s'arrêter et
devenir mon hôte.

« Bien que le marbre ne décore point tes modestes lam-
bris, n'envie rien aux palais des rois ni aux temples divins :
tu fus le siége de la fidélité, et César t'a rendue sacrée en re-
posant sous tes portiques.

« Le baron DE SERRA. »

Lorsque la voiture de l'Empereur partit de Dresde, elle fut suivie par un traîneau dans lequel le roi de Saxe avait fait placer, comme escorte, deux maréchaux des logis de sa garde. Cette précaution était superflue sans doute, mais c'était une nouvelle preuve d'amicale sollicitude.

CHAPITRE V

Il parut convenable de rester quelques heures à Leipzig pour recueillir des informations certaines. A mesure qu'on avançait vers Paris, les nouvelles acquéraient un surcroît d'intérêt. Les journaux étrangers et français, nouveaux, et ceux arriérés d'une huitaine de jours, furent apportés à l'Empereur. Il fit, en outre, acheter quelques livres de littérature frivole. En voyage, cet homme, d'ailleurs si prodigieusement occupé de choses utiles, ne lisait guère que des romans.

L'Empereur s'était arrêté dans l'auberge qui existe encore aujourd'hui à Leipzig sous le nom d'hôtel de Prusse. Le consul de France dans cette ville, M. Theremin, reçut aussitôt l'invitation de se rendre auprès du duc de Vicence, qui désirait lui parler; il s'empressa d'obéir, et se trouva en présence de l'Empereur, qu'il reconnut à l'instant. M. Theremin, toutefois, homme de tact et de précaution, comprit sur-le-champ qu'il devait respecter l'incognito gardé par l'Empereur. Il répondit donc à son auguste interlocuteur comme s'il parlait au duc de Vicence, en l'appelant « mon général. » L'Empereur lui en sut bon gré et s'aperçut, dès les premières questions qu'il lui adressa, que son consul à Leipzig était intelligent, très au courant des affaires politiques et commerciales de l'Allemagne.

il se plut, en conséquence, à l'interroger longuement. Il se mit à table avec sa suite, et s'entretint avec lui pendant tout le dîner. M. Theremin a rédigé, le jour même, les traits les plus
saillants de la conversation.

Voici cette relation fidèlement reproduite.

L'Empereur demanda en premier lieu quel
était l'esprit de l'Allemagne.

Le consul répondit que les dispositions de ce
pays se ressentaient des nouvelles reçues de
l'armée.

Allant toujours droit au fait, l'Empereur posa
cette question plus positive .

« Mais, enfin, que dit-on ? »

M. Theremin répondit alors :

« J'ai vu tout récemment à Leipzig des lettres
d'officiers du contingent saxon, qui a fait avec
notre armée la campagne de Russie; ces officiers racontent qu'ils ont perdu leurs bagages

personnels, et ils en concluent tout naturellement, avec beaucoup de mauvaise humeur, que
tout est perdu. »

L'Empereur, à cette réponse, sourit et regar-
da le duc de Vicence, qui était assis à table vis-
à-vis de lui; mais cette première information,
adroitement mitigée, ne pouvait lui suffire; il
devint plus pressant et posa très-nettement l'in-
terrogation suivante : « Aime-t-on les Français
en Saxe ?

— Les Saxons savent bien, mon général, que
sans les Français le royaume de Saxe serait
perdu. »

L'Empereur, assez satisfait de cette appréciation, justifiée depuis par le congrès de Vienne
qui enleva au royaume de Saxe une portion de
son territoire, abandonna un instant la politique
pour aborder d'autres sujets.

Il demanda quelle influence la guerre avait
eue sur le commerce de Leipzig. Le consul, se

sentant sur un terrain moins embarrassant pour lui, devint plus explicite.

« La guerre actuelle n'a pu être que profitable aux négociants et banquiers de cette ville, dit-il. Leipzig ne souffre point du séjour des troupes, puisqu'il est exempté des logements militaires ; les fournitures de guerre, les achats faits par les corps qui passent dans les environs et par les officiers qui viennent en ville, tout ce mouvement profite au commerce de détail et aux banquiers. »

L'Empereur écouta avec intérêt ce qui lui était dit au sujet de Leipzig. Il avait toujours eu pour ses habitants industrieux et lettrés une considération et une affection particulières. Parmi les mesures ou décrets étrangers à la politique ou à la guerre qu'il data de Moscou, on remarque un ordre adressé le 23 septembre aux autorités compétentes , pour que l'exemption qu'il avait accordée à cette ville, relative au logement obligatoire des troupes de passage, fût scrupuleusement maintenue.

Napoléon comprenait, peut-être par un pressentiment instinctif, l'importance de l'un des centres principaux du journalisme et de la librairie ; il connaissait l'influence que ses écrivains exercent sur l'esprit public de l'Allemagne ; il prévoyait déjà que l'expédition de Russie, première campagne défavorable à ses armes, allait donner lieu à de violentes diatribes.

Il continua ainsi l'entretien au sujet du commerce de Leipzig :

« Je m'intéresse beaucoup à cette ville ; il faut que vous ayez des égards tout particuliers pour ses habitants. Il faut que vous leur donniez souvent à dîner. — *Soignez les Leipzigois, je vous le recommande.* »

Telle fut l'expression dont il se servit. Je la trouve citée dans la relation du comte Wonsowicz, qui assistait à cette conversation, mais qui n'en rapporte que quelques parties.

L'Empereur, toujours avide de renseignements détaillés, traita ensuite longuement, avec le consul, plusieurs questions de finance et de commerce. Il demanda entre autres choses si l'entrepôt de la foire de Leipzig était réel ou fictif, c'est-à-dire si les marchandises y restaient d'une foire à l'autre dans les magasins, ou si elles n'étaient que mentionnées dans les livres de commerce.

Napoléon parla sur cette question toute technique avec la précision et l'aptitude qu'il déployait à propos des sujets les plus divers. Il fut satisfait des réponses du consul.

Le thème politique fut repris de nouveau. Napoléon s'enquit de l'esprit et des sentiments de la célèbre université de Leipzig :

« Combien compte-t-elle d'étudiants? demanda-t-il.

— Neuf cents, à peu près, mon général.

— Existe-t-il beaucoup d'idéologues parmi ces neuf cents étudiants ?

— Il y en avait bien un certain nombre, mon général, mais ils sont partis, m'a-t-on assuré. »

On sait que par ce mot d'*idéologues*, très-fréquemment employé par Napoléon, il désignait toute la partie des érudits, écrivains, étudiants et professeurs allemands, qu'il accusait de s'occuper dans ce temps-là beaucoup plus de politique que de métaphysique, de philologié et de philosophie. Il voulait parler de tous ceux, parmi les lettrés, qu'il regardait comme ses ennemis secrets ou déclarés; de tous ceux, en un mot, qu'il accusait d'exalter les idées. A partir de 1806, ces idées germaniques grandirent et donnèrent lieu finalement au mouvement national des derniers mois de 1813. Comme il n'existe aucun motif pour révoquer en doute la parfaite sincérité de cette réponse du consul de France à Leipzig, on peut admettre que ces idéologues, c'est-à-dire nos adversaires les plus actifs, dont il annonçait *le départ* ou *le renvoi*, avaient été éloignés de l'université par ordre du gouvernement qui, se considérant encore comme notre allié, s'opposait, en cette qualité, aux menées qui nous étaient hostiles. En Prusse et en Autriche[1], l'expression de ces sentiments avait dès cette époque un plus libre cours.

A cette information demandée sur les idéologues de Leipzig, l'Empereur ajouta une question qu'il n'articula qu'en riant :

« Le gouverneur de Leipzig est-il bien méchant ? Fait-il enfermer beaucoup de monde ?

— Non, mon général, il ne sévit que contre ceux qui le méritent.

— Avez-vous ici un censeur pour la librairie et les journaux ? ce censeur fait-il bien son métier ?

— Je puis dire que récemment une brochure

[1] *Voir* à l'appendice la note F.

écrite par un officier prussien, M. de Mas-
senbach, libelle très-violemment hostile à la
France, a été offerte à plusieurs libraires-édi-
teurs de cette ville ; tous ont refusé de se charger de l'impression ; ce qui prouve qu'ils ne
professent pas les mêmes opinions que l'auteur, ou qu'il ne leur est pas permis d'exprimer
ici leurs sentiments. »

La conversation se termina par un malentendu qui provoqua d'abord l'étonnement de
l'Empereur, mais ne dura qu'un instant. Il avait
demandé si le roi Frédéric-Auguste était aimé
de ses sujets.

« Oui, sans doute, avait répondu le consul,
le roi de Saxe est adoré et le mérite bien ; ce
long règne a été heureux pour la Saxe, et ses
sujets le reconnaissent.

— A-t-il une maison, un palais à Leipzig ?

— Oui, mon général, ce palais est situé sur
la grande place.

— Et le roi l'habite-t-il souvent?

—· Seulement dans les grandes occasions.

— Dans quelles occasions ?

— Il l'habiterait, par exemple, dans le cas
où il irait au-devant de l'Empereur.

— Comment, de l'Empereur ? s'écria vivement Napoléon, ne sachant pas si le consul
parlait de lui ou de l'empereur Alexandre.

— Sans doute, mon général, au-devant de
l'Empereur des Français.

— A la bonne heure, » reprit Napoléon en
riant très-franchement lui-même de sa méprise,
et regardant de nouveau le duc de Vicence.

M. Theremin ajoute au récit de cet entretien
quelques détails sur l'Empereur et sa suite. La
voiture impériale n'était accompagnée que de
deux traîneaux, dans l'un desquels se trouvaient
les deux sous-officiers saxons. Les compagnons
de voyage de l'Empereur semblaient harassés

de fatigue ; le froid, qui continuait à être d'une
rigueur excessive, avait hâlé et rougi leurs vi-
sages ; l'Empereur, seul, ne paraissait pas avoir
souffert et conservait son teint habituel. Il se
remit en route à sept heures du soir et se di-
rigea sur Weimar. Il y fut reçu par son ministre
près de cette cour : le baron de Serra avait fait
prévenir son collègue de cette arrivée impré-
vue, tout en annonçant que l'Empereur ne voulait pas être connu et voyageait sous le nom du
duc de Vicence. Le ministre qui vint au-devant
de lui jusqu'à la frontière du grand-duché de
Saxe-Weimar était le comte de Saint-Aignan,
son écuyer, pour lequel il avait beaucoup d'estime et d'affection ; il le chargea de l'excuser
auprès du grand-duc, de ce qu'il ne s'arrêtait
pas pour le voir ; il fit, en outre, parvenir ses
hommages à la grande-duchesse Marie Pau-
lowna, sœur de l'empereur Alexandre, princesse qu'il avait pu apprécier trois années au-

paravant, lors du congrès d'Erfurth. Il regretta
sans doute alors, du fond de son cœur, d'avoir
fait succéder une si fatale inimitié à l'expansive
sympathie que lui avait témoignée l'empereur
Alexandre. Le comte de Saint-Aignan accom-
pagna son souverain jusqu'à Erfurth, ville appartenant alors à l'empire français, bien que
située au milieu de territoires allemands.

Je vois, dans la relation dont j'extrais tous
ces détails, qu'au delà d'Erfurth, à Vach, petite
ville du duché de Saxe-Weimar, des symptômes
de mauvaises dispositions populaires se mani-
festèrent, pour la première fois.

L'Empereur et sa suite s'étaient arrêtés
pour déjeuner dans cette ville. En entrant dans
le salon du maître de poste, il y trouva une
jeune femme d'une beauté très-remarquable,
et qui, assise devant un clavecin, exécutait une
vieille sonate aussi brillamment qu'il lui était
possible.

L'Empereur, avec cette galanterie qui ne l'abandonnait que lorsque les affaires graves lui en enlevaient le loisir, s'approcha d'elle et lui exprima son admiration, beaucoup plus sincère pour ce qu'il voyait que pour ce qu'il venait d'entendre.

Je lis toutefois dans mon manuscrit que, comme la belle maîtresse de poste ne parlait pas français, et que son auguste admirateur ne savait pas un mot d'allemand, la conversation ne put s'engager. L'Empereur fut, du reste, interrompu dans cette tentative de conquête par une rumeur toujours croissante, qui se faisait entendre au dehors.

Le maître de poste, maussade et irascible à ce qu'il paraît, avait, en ce moment, une très-vive altercation avec le mamelouk Roustan. Cette querelle était au fond de peu d'importance : il s'agissait tout simplement d'un refus de donner sur-le-champ des chevaux fatigués,

ou de quelque autre sujet de dissentiment avec
les postillons. La discussion s'envenimait ; cette
population n'avait point reconnu l'Empereur,
mais elle assistait à une querelle entre un ha-
bitant du pays et des militaires français ! c'en
était assez pour passionner la foule. On pouvait
craindre une rixe dangereuse. Le duc de Vicence était déjà intervenu, mais inutilement ;
cette affaire, en un mot, prenait un caractère
très-sérieux. La maîtresse de poste, entendant
les cris d'alarme et de colère de son mari, engagea l'Empereur, que, du reste, elle ne reconnaissait pas, à faire cesser le tumulte. Il eut
alors l'idée de lui offrir son bras et de s'avan-
cer avec elle au-devant de la foule irritée. Il
fit signe à cette belle conciliatrice de lui servir
d'interprète pour calmer les plus mutins. Cette
démarche n'eut aucun succès, et le fidèle entourage de l'Empereur commençait à perdre
patience, lorsque, très-heureusement, le plus

efficace des remèdes connus pour apaiser
l'effervescence populaire, l'apparition de la
force armée, rétablit l'ordre et dispersa l'at-
troupement.

Cette force armée était tout simplement un
détachement de notre gendarmerie; car, à
cette époque, dans toutes les villes placées sur
la route du passage habituel de nos troupes, il
existait un commandant de place français et
des gendarmes, en nombre suffisant pour main-
tenir l'ordre et la bonne harmonie.

CHAPITRE VI

ARRIVÉE A MAYENCE. — ENTREVUE AVEC LE DUC DE VALMY, GOUVERNEUR DE CETTE FORTERESSE. — PASSAGE PAR VERDUN. — ARRIVÉE AUX TUILERIES.

———◦◦◦———

Jusqu'à Mayence, il ne se présenta rien de remarquable. Le grand écuyer avait envoyé en avant un piqueur de la maison de l'Empereur, afin de se procurer une barque pour passer le Rhin; car, dans cette saison, le pont de bateaux avait été enlevé.

Le piqueur ne parlait pas au nom de l'Empereur, mais au nom du duc de Vicence. Il trouva sur le rivage de Cassel, petit bourg situé en face de Mayence, un jeune officier d'ordon-

nance : c'était le comte Anatole de Montesquiou. Cet officier ne voulut pas céder la barque qu'il avait retenue. Il donna pour raison
qu'il avait une mission importante, pressée, et
qu'il était chargé de lettres pour l'impératrice
Marie-Louise. Mais en ce moment l'Empereur
lui-même s'approcha, sans être vu d'abord,
car il faisait nuit close, prit affectueusement la
main de M. de Montesquiou, et lui dit :

« Allons, allons, ne vous fâchez pas ; nous
pouvons passer ensemble. »

Le jeune officier, étonné de cette apparition
inattendue, s'excusa de n'avoir pu aller plus
vite ; mais Napoléon, au lieu de lui en savoir
mauvais gré, se félicita d'arriver aux Tuileries
sans être attendu.

La barque traversa donc le Rhin. Il était dix
heures du soir lorsqu'on descendit à l'hôtel de
la poste. Le duc de Vicence expédia sur-le-
champ une estafette dans la direction de Paris

pour préparer les chevaux sur toute la route.
L'Empereur envoya ensuite son officier d'ordonnance chez le maréchal Kellermann, duc de
Valmy, l'une des grandes illustrations de nos
premières guerres, qui commandait cette forteresse et veillait, en l'absence du chef suprême,
sur tout l'est de la France.

En raison des nouvelles incertaines de la
Grande Armée, on était sur ses gardes et dans
une inquiétude continuelle. La récente conspiration du 2 octobre et la fausse nouvelle, répandue alors à Paris, de la mort de l'Empereur, avaient donné l'éveil ; on pouvait craindre
de l'extérieur quelque nouvelle tentative au-
dacieusement criminelle. Cette appréhension,
alors générale, peut expliquer la scène qui allait se passer dans le palais du gouverneur.
Lorsque l'officier polonais arriva chez le maréchal, il trouva ses appartements splendidement
éclairés : toute la société de Mayence y était

rassemblée pour un grand bal. Le maréchal
Kellermann fut appelé ; mais il reçut très-du-
rement celui qui se disait envoyé par l'Empereur. Il le prit d'abord pour un porteur de
fausses nouvelles.

« Je ne vous connais pas, lui dit-il, et je vais
vous faire fusiller comme un imposteur.

— Vous en aurez toujours le temps, monsieur
le maréchal, répondit sans s'émouvoir l'officier polonais ; mais, avant d'en venir là, veuillez vous assurer de la vérité de ce que je vous
annonce.

— Comment, reprit le maréchal, comment
est-il possible que l'Empereur soit à Mayence,
et que je n'aie pas été prévenu de son arrivée ?

— Veuillez aller le lui demander, monsieur le
maréchal, moi, je ne suis chargé que de vous
annoncer son passage. »

Le costume très en désordre de l'envoyé im-

périal avait, au premier abord, indisposé le
gouverneur. Il n'y voyait qu'un déguisement
pour le tromper. Il se rendit enfin, et partit
pour aller trouver l'Empereur, tout en faisant
garder à vue le comte Wonsowicz, ne lui per-
mettant de communiquer avec personne, et
l'emmenant avec lui flanqué de deux gendarmes; mais cet incident et cette méprise furent
de courte durée.

L'Empereur, voyant arriver le duc de Valmy,
lui dit, après quelques phrases très-affec-
tueuses :

« Mon armée est perdue en grande partie ;
mais, soyez tranquille, d'ici à quelques mois,
j'aurai sous mes ordres huit cent mille baïon-
nettes, et je prouverai à mes ennemis que les
éléments seuls peuvent nous vaincre. J'ai eu
tort, je l'avoue, d'exposer mes pauvres soldats
à un climat pareil. Mais qui ne fait pas de fautes

6

en ce monde ? Quand on les reconnaît, il faut tâcher de les réparer. »

Il donna ensuite, avec sa promptitude et sa lucidité habituelles, des ordres très-détaillés pour le passage des troupes ; il désigna les approvisionnements qu'il fallait rassembler à Mayence, puis il se remit en route.

Le voyage fut alors continué avec un redoublement de vitesse. On n'avait été reconnu nulle part ; on ne s'arrêta que pour les repas, à Saint-Avold, puis à Verdun.

Dans cette dernière ville, l'Empereur, ayant vu, des fenêtres de l'auberge où il dînait, son mamelouk Roustan traverser la rue pour acheter des dragées et des anis chez un confiseur célèbre, ordonna qu'on en achetât aussi pour l'Impératrice et le roi de Rome, afin, dit-il, de leur apporter deux produits vantés de la ville de Verdun.

Le 18 décembre, jour de son arrivée, il dîna

à Château-Thierry. Il fit alors une grande toilette, afin de se présenter convenablement à l'Impératrice ; il revêtit l'uniforme des grenadiers à pied de sa garde , qu'il portait habituellement à Paris, tandis que le frac vert des guides ou chasseurs à cheval était son habit de guerre. Comme le froid était très-intense, la célèbre redingote grise était remplacée par la pelisse fourrée emportée de Moscou ; il calculait qu'il arriverait chez l'Impératrice au milieu de la nuit.

Un accident de voiture, qui survint de nouveau — et dans une course aussi précipitée il devait s'en présenter fréquemment, — força l'Empereur à prendre, pour arriver à Paris , l'une de ces disgracieuses voitures de voyage à deux immenses roues et à brancard, ancien modèle, qu'on nommait alors , depuis deux cents ans, *une chaise de poste.* C'est dans cet affreux équipage que l'Empereur devait faire son entrée dans sa capitale. Personne sur son passage ne pouvait deviner qui arrivait ainsi par la route d'Allemagne. A Meaux, pour payer les dernières dépenses du voyage, tous les fonds étaient épuisés. L'Empereur, le duc de Vicence, le comte Wonsowicz et le mamelouk Roustan, voulurent se cotiser, mais ne trouvèrent pas, à eux quatre, un total de 80 francs. Le duc de Vicence dut demander un crédit, qui ne lui fut pas refusé.

C'est le 18 décembre, la veille du jour de naissance de l'impératrice Marie-Louise, à une heure et demie de la nuit, que l'Empereur arriva devant la grille du Carrousel. Le grenadier de la vieille garde qui était en sentinelle à la porte d'entrée, voyant s'arrêter cette chaise de poste, refusa de la laisser passer, en disant qu'il avait l'ordre de ne faire ouvrir qu'aux voitures de la cour. Le comte Wonsowicz s'empressa de descendre pour faire connaître que cet équipage contenait l'Empereur en personne.

« Vous vous moquez de moi ! répondit le sol-
dat, vous vous moquez de moi, ce ne peut être
l'Empereur; j'ai lu hier, dans *le Moniteur*, qu'il
était encore à Smolensk. »

Le comte Wonsowicz insista et demanda à
voir l'officier de garde, qui fit d'abord, en ter-
mes plus modérés, les mêmes objections, mais
qui, conduit près de la chaise de poste, reconnut son souverain et s'inclina avec une vive
émotion : la grille s'ouvrit alors.

On peut se figurer quelle sensation produisit,
dans le palais des Tuileries, cette arrivée ines-
pérée. L'Empereur, une fois entré dans le château, défendit expressément qu'on fît aucun
bruit qui pût éveiller l'Impératrice; il se rendit
sur-le-champ à son appartement.

Le voyage, depuis Smorgoni jusqu'à Paris,
durait depuis douze jours. De graves dangers
avaient menacé l'Empereur, surtout en sortant
d'Oszmiana. Des cavaliers ennemis, faciles à

6.

reconnaître par leurs cris de guerre habituels,
avaient en outre été distinctement entendus, à
peu de distance, aux portes de Kowno. Dans
cette dernière journée du 7 décembre surtout,
où il n'était accompagné que de six personnes,
la rencontre fortuite d'un peloton ou d'une sim-
ple patrouille de ces milliers de Cosaques qui
longeaient et traversaient la route parcourue
par Napoléon aurait suffi pour changer la face
du monde[1].

J'ai accompli la tâche que je m'étais prescrite,
en racontant quelques détails inconnus et en
ajoutant des renseignements militaires précis
aux divers écrits historiques dans lesquels ont
été retracés les événements de 1812. Plusieurs
écrivains français, russes et allemands — je ne
parle que de ceux qui ont interrogé l'histoire
avec l'impartiale équité qu'elle réclame — ont

[1] *Voir* à l'appendice la note G.

laissé indécise la question de savoir si Napoléon devait rester à la tête de son armée désorgani- sée, ou bien se hâter d'arriver, afin de raffermir les dispositions ébranlées de ses alliés, et de rassembler, sans retard, les forces nécessaires pour tout réparer. Les succès immédiats de la première partie de la campagne de 1813, qui rétablirent, pour un temps du moins, sa puissance et son ascendant en Europe, répon- dent à cette question. Quant à l'étrange repro- che de découragement personnel qu'on osa lui adresser, toute une série de faits concluants peut servir à le repousser.

Il faut reconnaître aujourd'hui qu'au lieu de s'éloigner du péril, il s'y exposa de sa personne plus qu'aucun de ceux qu'il laissait en arrière. Nous étions à peine poursuivis par la grande armée de Kutusoff. Toute la partie la plus éner- gique, la plus valide des troupes russes, nous avait devancés ; et c'est en traversant, sans hé-

siter , de part en part, ce corps d'avant-garde,
que l'Empereur exécuta le projet qu'il avait
conçu. Les informations authentiques, présen-
tées ici, démontrent que l'empereur Napoléon,
dans ce rapide voyage , affronta avec clair-
voyance, et en parfaite connaissance de cause,
l'un des plus grands dangers qu'il ait bravés
dans tout le cours de sa vie guerrière.

APPENDICE

APPENDICE

—

Note A (p. 45).

Voici les détails positifs de ce fait d'armes. Ils m'ont été racontés par mon frère aîné qui se trouvait parmi les combattants de cette journée, comparée par les historiens à la défense de Charles XII, dans son quartier-général de Bender en Bessarabie.

Le duc de Reggio, grièvement blessé d'une balle dans le côté, à la bataille de la Bérésina, fut transporté par ses soldats sur un brancard ; il ne pouvait en effet supporter le mouvement d'une voiture. Son état-major se composait de M. Victor Oudinot, du colonel Jacqueminot, MM. Achille de Lamarre,

Letellier, de Thermes, de Bourcet, Masséna, Louis
de Cramayel, de Crillon et de la Chaise; plusieurs
officiers s'étaient réunis à eux, soit pendant la
marche, soit au moment du danger.

Le maréchal franchit avec son entourage une
partie de la route que l'armée en retraite avait à
parcourir; il arriva ainsi au petit bourg de Plétchénitza. Il n'y trouva guère que des convois de
blessés, des bagages devançant notre armée en
retraite, et quelques soldats isolés appartenant à
différents corps; il s'établit dans l'une des maisons de bois qui bordaient la route. Les soldats,
attachés depuis le commencement de la campagne
à son quartier-général, et une escorte de six chasseurs à cheval du 24e régiment, formaient, avec
une quinzaine d'officiers, un ensemble de trente
hommes irrégulièrement armés.

Tout à coup on annonça l'apparition d'un détachement de cosaques, traînant avec eux deux pièces
d'artillerie. Quelques coups de feu retentirent en

ce moment : c'était l'ennemi qui attaquait. L'escorte du maréchal fit bonne contenance, et soutint vaillamment le premier choc. Il fut toutefois reconnu, dès ce moment, que cet *izba* situé à l'extrémité de la ville, adossé à un bois de sapin, et qui n'avait ni cour ni clôture, était impossible à défendre contre une force supérieure. On évaluait l'ennemi à deux cents cinquante ou trois cents cavaliers. On continua toutefois à faire feu sur les éclaireurs qui se montraient de temps en temps.

Le duc de Reggio, qui n'avait pu quitter son lit de douleur, fit mettre ses pistolets à côté de lui et se revêtit de son cordon de la Légion d'honneur ; il ne voulait pas, dit-il, tomber vivant dans les mains de l'ennemi.

Plusieurs attaques se succédèrent; les défenseurs du maréchal, obligés de ménager leur feu, ne tiraient qu'à coup sûr et de très-près; les aides de camp et les officiers, qui s'étaient joints à eux, mirent le sabre à la main pour repousser les

7

plus hardis des assaillants, on échangea ainsi des coups de lance, des coups d'estoc et de taille. Cette résistance éprouvée à l'entrée même de la ville, fit supposer qu'elle était occupée par une force respectable. Cette persuasion engagea les chefs ennemis à s'éloigner pour revenir avec des renforts. Le fidèle entourage de l'illustre blessé saisit ce moment pour le transporter dans une maison plus vaste, entourée de palissades, que l'on avait signalée et reconnue propre à organiser une défense vigoureuse.

Le maréchal fut placé alors sur son cheval ; deux de ses aides de camp, MM. Jacqueminot et Letellier, également à cheval, étaient à ses côtés et le soutenaient dans ce pénible trajet. Ils traversèrent ainsi la place carrée de Plétchénitza ; mais à peine avait-on eu le temps de s'installer dans le nouveau réduit crénelé à la hâte, et barricadé au moyen de charrettes renversées, que la cavalerie ennemie arriva par la rue que l'on venait de quitter. Le

combat devint alors plus sérieux et plus acharné.
On défendit d'abord la rue par où la cavalerie
ennemie voulait déboucher; mais cette poignée
d'hommes, chargée par cette troupe nombreuse
armée de lances, fut bientôt repoussée jusqu'à la
maison où devait se concentrer ses efforts. La
pénurie des munitions était la partie la plus grave
de cette défense héroïque; on ne trouva des cartou-
ches qu'en nombre assez restreint dans les gibernes
des six chasseurs de l'escorte et des fantassins
rassemblés par le hasard; on répartit ces précieu-
ses munitions; on ne donna les armes chargées
qu'aux meilleurs tireurs, il fallait que chaque coup
portât, le salut de la troupe, si inférieure en nombre, était à ce prix; le maréchal lui-même, un
pistolet à la main, se traîna jusqu'à une lucarne
donnant sur le théâtre du combat, et dans ce moment il fut blessé par un éclat de bois, qu'un boulet ennemi tiré sur sa maison venait de faire voler
d'une poutre fracassée. Un autre boulet tua les

deux chevaux de sa voiture. Les Cosaques, en effet, avaient mis en batterie leurs deux canons et tiraient à outrance sur cette maison si bien défendue.

Une résistance opiniâtre continuait; tout à coup on croit voir de l'hésitation dans les mouvements de l'ennemi : le canon se tait; au même moment, en dirigeant ses regards sur les hauteurs qui dominent la ville, on aperçoit une troupe nombreuse ; à la couleur foncée de ses vêtements, on croit d'abord reconnaître les Russes, M. Achille de Lamarre se dévoue pour voir de près cette masse inconnue. Il court à cheval au devant d'elle, et constate avec bonheur que c'est un secours qui arrive au moment suprême. C'était une troupe westphalienne, commandée par le duc d'Abrantès. Peu d'instants après les Cosaques s'étaient éloignés, et nos alliés allemands entraient dans la ville aux cris de : Vive l'Empereur!

Note B (p. 52).

L'un des points de la bataille de la Bérésina où se portèrent les coups les plus décisifs fut le grand bois de sapin, nommé bois de Vieliki-Stakow, et traversé par la grande route que nous suivions. Les généraux Legrand et Zaionzek y furent blessés. La vieille garde était placée en réserve auprès de Brill.

Quatre pièces de canon russes de l'armée de l'amiral Tchichagoff et quatre pièces françaises furent mises en batterie aux deux extrémités de cette partie de la route qui s'abaisse de quatre ou cinq mètres. Ces batteries placées ainsi l'une et l'autre sur un point élevé, échangèrent leurs boulets tirés à toute volée. C'est vers le milieu de la route courbée en arc concave que se trouvait le front de la jeune garde, s'étendant perpendiculairement à droite et à gauche dans la forêt. Le prince de la Moskowa et le duc de Trévise, par un élan d'émulation de cette intrépidité qui, dans les moments graves, agit si puissamment sur l'esprit des troupes, s'avancèrent ensemble dans l'intervalle de cette ligne d'infanterie au-dessus duquel se croisaient les boulets de deux batteries tirant l'une sur l'autre. Ces chefs vers lesquels se dirigeaient tous nos regards, furent entourés sur-le-champ par un nombreux état-major, jaloux de suivre leur exemple.

Ce n'est que lorsque les canonniers russes virent se former, au-dessous de la ligne de leurs feux, ce groupe compacte de cavaliers, qu'ils jugèrent devoir abaisser le tir de leurs pièces dans sa direction. Dans ce groupe se trouvaient, ensemble ou successivement, auprès des deux maréchaux, outre les généraux du corps du maréchal Ney, les géné-

raux de division Roguet et Delaborde, le général
Berthezenne, les autres généraux de brigade de la
jeune garde, le prince Émile de Hesse, enfin tous
les aides de camp et beaucoup d'autres spectateurs
bénévoles. Dans la foule, où se pressaient tant
de grandes illustrations, plusieurs officiers furent
atteints par ce feu plongeant et redoublé, mais
ce fut, par hasard, sur notre brave escorte portugaise que tombèrent les coups les plus meurtriers.

Vers le soir deux escadrons des 4e et 7e de cui-
rassiers sous les ordres du général Doumerc, se
préparèrent à charger sur l'infanterie russe, qui
faisait un mouvement en avant. Ces deux cents
cavaliers, vaillamment conduits par leurs chefs,
parmi lesquels on distinguait le colonel Ordener,
s'élancèrent à travers cette haute futaie de sapins,
dont les troncs élevés ne gênaient pas leurs mouvements, franchirent la lisière de la forêt, et tombèrent avec impétuosité sur les lignes d'infanterie

russe répandues dans la plaine. Cette charge arrivée si à propos, décida du succès de la journée.
Une demi-heure après, ces deux escadrons rame-
naient avec eux une longue file de prisonniers,
dont un grand nombre blessés de coups de sabre.
J'étais à côté du duc de Trévise lorsqu'il félicita
vivement de cet exploit le jeune colonel, au moment où il remettait dans le fourreau son glaive
victorieux. La nuit, qui ne tarda pas à paraître,
mit fin à cette bataille de la Bérésina.

Note C (p. 53).

Pendant que la Grande Armée de Napoléon pénétrait jusqu'à la capitale de l'empire de Russie, plusieurs corps agissaient sur d'autres points ; leur mission consistait surtout à protéger les flancs de l'armée principale, à s'opposer aux tentatives qu'auraient pu faire les Russes de se porter sur notre ligne d'opération, et de couper nos communications par un mouvement offensif et latéral. Les forces que l'empereur Alexandre avait rassemblées dans les Provinces Baltiques, et notamment en Livonie et en Courlande, avaient nécessité de notre part cette disposition stratégique.

L'empereur Napoléon sentant toute l'importance de la marche qu'il avait ordonné de faire sur Riga,

7.

avait confié ce commandement au maréchal Mac-
donald, duc de Tarente, l'un de ses lieutenants,
dans lequel il plaçait le plus de confiance.

Ce chef se montra digne d'un pareil choix : son
corps qui attaquait cette capitale de la Livonie et
semblait menacer Saint-Pétersbourg, se signala
dans plusieurs occasions ; les combats qu'il livra
dans les régions éloignées du principal théâtre de
nos opérations, attirèrent sur ce point, et loin de
nous, une portion considérable des forces de l'ennemi. La route que ce corps d'armée avait à parcourir n'était point dévastée comme celle que nous
devions traverser en partant de Moscou, mais les
froids étaient excessifs dans ces régions. — Le duc
de Tarente, aux approches de l'hiver, eut soin de
prémunir ses troupes contre cette rigueur des
éléments, qu'il fallait affronter en se retirant ; des
fourrures de peaux de moutons furent distribuées
aux soldats, des mesures efficaces furent prises
pour assurer la marche des convois et la conser-

vation des chevaux. Aussi le dixieme corps repas-
sa-t-il le Niémen sans avoir laissé en arrière ni
un canon, ni un caisson de munitions. Il ramena
même jusqu'à Dantzick le parc de grosse artillerie qui avait été destiné pour le siége de la forteresse de Riga.

Note D (p. 55).

La détermination prise par le général d'York, commandant le contingent prussien, de quitter le corps du duc de Tarente pour entrer en pourparlers avec l'avant-garde russe, et rester en arrière dans une position neutre, exaspéra notre armée. Il est aujourd'hui historiquement démontré que ce général agit contre les ordres du roi Frédéric-Guillaume III. Cet incident, malgré sa gravité, ne fut pas regardé à Paris, d'après l'appréciation réfléchie de l'Empereur, comme un fait concluant en ce qui concernait une rupture complète. Le roi de Prusse fut personnellement de bonne foi lorsqu'il affirma que le corps d'York avait agi sans son ordre. Ce fut trois mois et demi après, que la Prusse se déclara ouvertement contre nous. Dans cet intervalle, les Russes firent de grands progrès ; ils envahirent plus de la moitié de la monarchie prussienne, et dès le 4 mars, leur avant-garde entrait à Berlin.

A l'époque dont il est ici question, dans les premiers jours de 1813, non-seulement on désavouait à Berlin la conduite de ce corps isolé, mais encore on promettait de former un nouveau contingent. On ne croyait guère sans doute, ni d'une part ni de l'autre, à la réalisation de cette promesse, mais on continuait à en parler verbalement et par écrit. L'Empereur demanda même, vers la fin de janvier, que la Prusse se hâtât d'envoyer du moins deux régiments de cavalerie, à l'armée placée en face des Russes, et sous le commandement du prince Eugène, qui s'acquitta avec autant de dévouement que d'habileté de la tâche qu'il avait à remplir.

L'Empereur fit écrire plusieurs fois pour savoir

si l'organisation du nouveau corps prussien, qu'on lui avait promis, était en voie d'exécution. On pouvait lui répondre en toute sûreté, qu'on s'occupait de levées et d'armements. La Prusse, en effet, faisait de nombreux préparatifs, mais chaque jour on prédisait, avec plus de certitude, qu'elle prenait ses mesures, en nourrissant l'arrière-pensée d'apporter, quand elle serait prête, un poids décisif dans la balance des événements, de quelque côté que se portât sa longue hésitation.

Le comte de Saint-Marsan, ministre de France à Berlin, avait déjà quitté cette résidence pour se rendre à Breslau. Outre la correspondance qu'il continua dans cette capitale de la Silésie, les dépêches de M. Édouard Lefèvre, laissé par lui à Berlin comme chargé d'affaires, définissaient jour par jour l'état de l'opinion publique et les dispositions du gouvernement. La sagacité de ces deux hommes d'expérience et de savoir firent connaître, avec une exactitude scrupuleuse, les transitions successives qui, en trois mois, changèrent une alliance d'abord loyale, mais tiède et contrainte, en violente inimitié. Comme il arrive souvent en pareille occasion, les deux correspondances diplomatiques simultanées, partant l'une de Breslau, l'autre de Berlin, n'étaient point d'accord dans leur appréciation et leurs prévisions. — Le ministre, le comte de Saint-Marsan, laissait entrevoir l'espérance que le roi de Prusse, frappé de l'immensité de nos préparatifs et de nos ressources, continuerait à marcher avec nous, ou tout au moins s'unirait aux efforts conciliants de l'Autriche; le chargé d'affaires au contraire, M. Édouard Lefèvre, mieux inspiré ou peut-être mieux informé, parce qu'il se trouvait à Berlin, au centre, au foyer des passions déchaînées contre nous en Allemagne, écrivait pour affirmer que le profond ressentiment national prussien, et le réveil du sentiment germanique devaient l'emporter; qu'en un mot, la Prusse était sur le point de se joindre à nos ennemis.

A l'époque de son arrivée à Miedniki, le duc de
Bassano ne pouvait que pressentir l'avenir qui se
préparait ; le contingent prussien marchait encore
avec l'avant-garde de notre dixième corps ; mais
dès ce moment notre diplomatie avait eu connaissance des obsessions dirigées à Berlin par la Russie, l'Angleterre et même la Suède. Quant au prince
royal régent de Danemark, qui régna depuis sous
le nom de Frédéric VI, il repoussa avec fermeté
les propositions qui lui furent faites, dès cette époque, par le ministre de Russie à Copenhague.

Dans les circonstances d'alors un ministre vigi-
lant et dévoué avait à considérer quelque chose de
plus immédiat et de plus direct que les résultats,
possibles mais éloignés, de tant d'instances sans
cesse renouvelées. Un mouvement militaire sem-
blable à celui du général d'York pouvait éclater
sur un point quelconque de la Prusse que l'Empereur voulait parcourir. Ces observations avaient
été développées tout d'abord et à loisir, dans ce

trajet de Miedniki à Wilna; il avait été décidé en
définitive qu'en partant de cette ville, il éviterait
de traverser le territoire prussien, et se dirigerait
non point sur Kœnigsberg et Berlin, mais sur
Varsovie et Dresde.

Note E (p. 66).

Voici quelques renseignements sur les causes multipliées qui firent échouer cet ambassadeur.

Une brochure imprimée à Londres par l'abbé de Pradt, en 1800, avait été envoyée et répandue à Varsovie dès son arrivée. On peut juger par l'extrait que voici, combien de pareils antécédents devaient discréditer auprès des Polonais celui que Napoléon avait chargé de le représenter.

« Le reste de l'Europe, au lieu de s'opposer au « démembrement de la Pologne, devait en presser « l'exécution, et faire terminer d'un seul coup ce

« qui en a demandé trois, et traîna sur un espace
« de vingt-trois années.... L'extinction de la Polo-
« gne, au lieu d'être une perte pour l'Europe, fut au
« contraire une véritable acquisition pour elle et
« une confirmation de son équilibre, que les oscil-
« lations perpétuelles de ce corps agité ne cessaient
« de déranger. »

On comprend qu'un pareil écrit, contenant un
jugement aussi malveillant, aussi faux, répandu en
Pologne au moment de l'arrivée de son auteur,
devenu ambassadeur de Napoléon, devait le mettre
en suspicion, rendre inutiles tous ses efforts. Une
lettre particulière écrite au prince de Talleyrand,
par la princesse Tiszkiewicz, sœur du prince Joseph
Poniatowski, s'exprime à cet égard dans les ter-
mes suivants :

« L'archevêque de Malines a manqué complète-
« ment le but qu'avait eu l'Empereur en le choisis-
« sant pour cette grande et belle mission. »

Indépendamment de cet antécédant d'une publi-

cation qui le signalait d'avance comme un ennemi de la Pologne, cet ambassadeur n'apporta
aucun zèle dans ses fonctions. Lui-même se
condamne dans les dépêches qu'il adresse au duc
de Bassano, en lui disant qu'il ne se sent nullement
capable de s'acquitter des ordres qu'on lui donne.
— Il se plaint de ce que son titre d'ambassadeur
n'est qu'une fiction sans valeur, puisqu'il est accrédité, non pas auprès d'un souverain, mais près du
Conseil général d'une Confédération ; il ajoute que
ses fonctions incompatibles avec celles d'un ecclé-
siastique, consistent en détails d'administration
militaire auxquels il n'entend rien, en achats de
vivres et de fourrages, d'armes et de munitions.
Excuse puérile ! On n'exigeait pas de lui en effet de
s'occuper de ces détails, mais d'en diriger active-
ment l'ensemble, en choisissant, dans le pays, des
hommes spéciaux, des administrateurs expéri-
mentés, dont le concours ne lui eut point fait
défaut.

Voici quelle était la composition de ce conseil général de la Confédération polonaise :

MM. Zamoiski, Linowski, Ostrowski, Węzyk, Skorkowski, Goloszenski, Badieni, Owidzki, Lubinski et Kozmian, secrétaire.

Ce titre de *confédération* (konfederacya) était emprunté au vocabulaire des années de trouble qui précédèrent la chute de cette monarchie : Napoléon, par égard pour l'Autriche et la Prusse, n'avait pas cru pouvoir rétablir une Pologne indépendante ; mais cette Confédération, approuvée par le roi de Saxe, grand-duc de Varsovie, près de laquelle un ambassadeur était accrédité, et qui recevait l'adhésion de beaucoup de Galliciens, était un moyen terme réputé provisoire, et qui, sans satisfaire les Polonais, avait vivement inquiété l'Autriche.

Note F (p. 85).

Vers le 10 novembre 1812, le prince de Reuss, gouverneur autrichien de la Gallicie, reçut de Vienne une dépêche dans laquelle l'empereur François se plaignait de ce que quelques-uns des fonctionnaires allemands de cette province polonaise s'étaient permis, sur le compte de l'empereur Napoléon et des Français, des propos contraires aux engagements d'alliance et de solidarité active, pris par l'Autriche au début de la guerre de Russie. Cette dépêche désignait une dizaine de personnes, qui furent réprimandées. Deux de ces fonctionnaires furent même congédiés.

Ce fait peut donner une idée exacte des dispositions de la cour d'Autriche et de l'esprit des po-

pulations de l'empire : un fond incontestable d'opposition et de mauvais vouloir de la part de la
pluralité des sujets de l'empereur François ; mais
dans le cœur de celui-ci, un sentiment flottant
entre l'intérêt que devaient inspirer le sort de
Marie-Louise, l'avenir du Roi de Rome, et d'un
autre côté, d'anciens souvenirs, de vieux ressen-
timents, l'appréhension de voir les armes françaises obtenir de trop grands succès, pouvant
amener tout naturellement le rétablissement du
royaume de Pologne.

Le cabinet de Vienne fit toutefois, longtemps encore, de sincères tentatives pour obtenir la paix ;
mais dès ce moment, il était chaque jour pressé,
harcelé par les instances des émissaires et des
agents secrets de nos ennemis. J'ai même su, par
une information directe et authentique, que quelques mois plus tard, le comte de Narbonne, ambassadeur de France à Vienne, en sortant du cabinet du prince de Metternich, aperçût sans y faire

attention, dans un premier salon, une personne
qui attendait son tour d'audience. Cet inconnu
était lord Orford, diplomate anglais, de l'illustre
famille des Walpole, l'un des membres marquants
du parlement. Il venait là, sans nul doute, pour
offrir, d'après la coutume d'alors, une alliance et
des subsides. L'activité, l'ardente passion qui dirigeait des menées semblables, si complaisamment
tolérées, peut servir à démontrer combien il était
urgent que le retour de l'Empereur raffermît des
dispositions aussi chancelantes.

Note G (p. 102).

Nous avons vu qu'en avant de notre armée, à quatorze lieues, une troupe de partisans avait, le 29 novembre, attaqué le duc de Reggio. Voici un autre exemple des nombreuses excursions que les troupes légères ennemies faisaient en avant de notre tête de colonne.

Le corps de la jeune garde avait été laissé à Moscou, dans l'intérieur du Kremlin, palais fortifié des anciens czars. Il y resta six jours, après que l'armée de Napoléon avait déjà commencé sa retraite. Une partie de l'armée russe s'était déjà rapprochée de nous; son chef, le général Wintzingerode, né sachant pas d'abord si cette immense ville

était complétement évacuée par les Français, s'é-
tait borné à y faire pénétrer des reconnaissances
de cavalerie. Ce général, accompagné seulement
d'un aide de camp, ayant voulu devancer la plus
hardie de ses patrouilles de cosaques, s'était porté
tout près des murs crénelés de l'antique et vaste
citadelle que nous occupions. Égaré dans les rues
désertes, et parmi les décombres de la ville in-
cendiée, il s'était trouvé tout à coup au milieu de
l'un de nos avant-postes. Ces deux cavaliers cou-
verts de manteaux qui cachaient leur uniforme,
avaient d'abord voulu payer d'audace : ils avaient
répondu « France » au premier cri de « Qui vive »
de notre sentinelle ; mais bientôt reconnus pour
ennemis, et cernés par nos voltigeurs, ils avaient
dû se rendre.

Ce général en chef du corps d'armée chargé de
nous poursuivre quand nous quitterions Moscou,
fut conduit sur-le-champ dans l'intérieur du Kremlin, et reçu avec beaucoup de courtoisie par le duc

de Trévise. Nos deux prisonniers suivirent en voiture la jeune garde, lorsque, six jours après, elle
rejoignit la grande armée de Napoléon. Plus tard,
ils marchèrent presque en tête de l'armée en retraite. Cette extrémité d'une colonne qui pouvait
avoir une quinzaine de lieues en longueur, était
facile à traverser par un corps de partisans, et
celui du colonel Tchernicheff en ayant trouvé l'occasion, rencontra par hasard ce général russe, à
peine gardé par quelques cavaliers, et ne comptant
guère sur sa délivrance. Ce corps de partisans
était composé en partie des cosaques de Panta-
leïeff; il avait erré pendant toute la campagne
très-loin de l'armée de Kutusoff. Je lis même dans
un bulletin russe que cette troupe avait, dès le
28 octobre, traversé le Niémen à Kolodezno, et
marché pendant plusieurs jours sur le territoire
prussien.

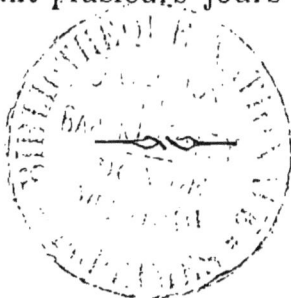

TABLE DES MATIÈRES

Paris. — Imp. W. REMQUET, et GOUPY Cie, rue Garancière, 5.

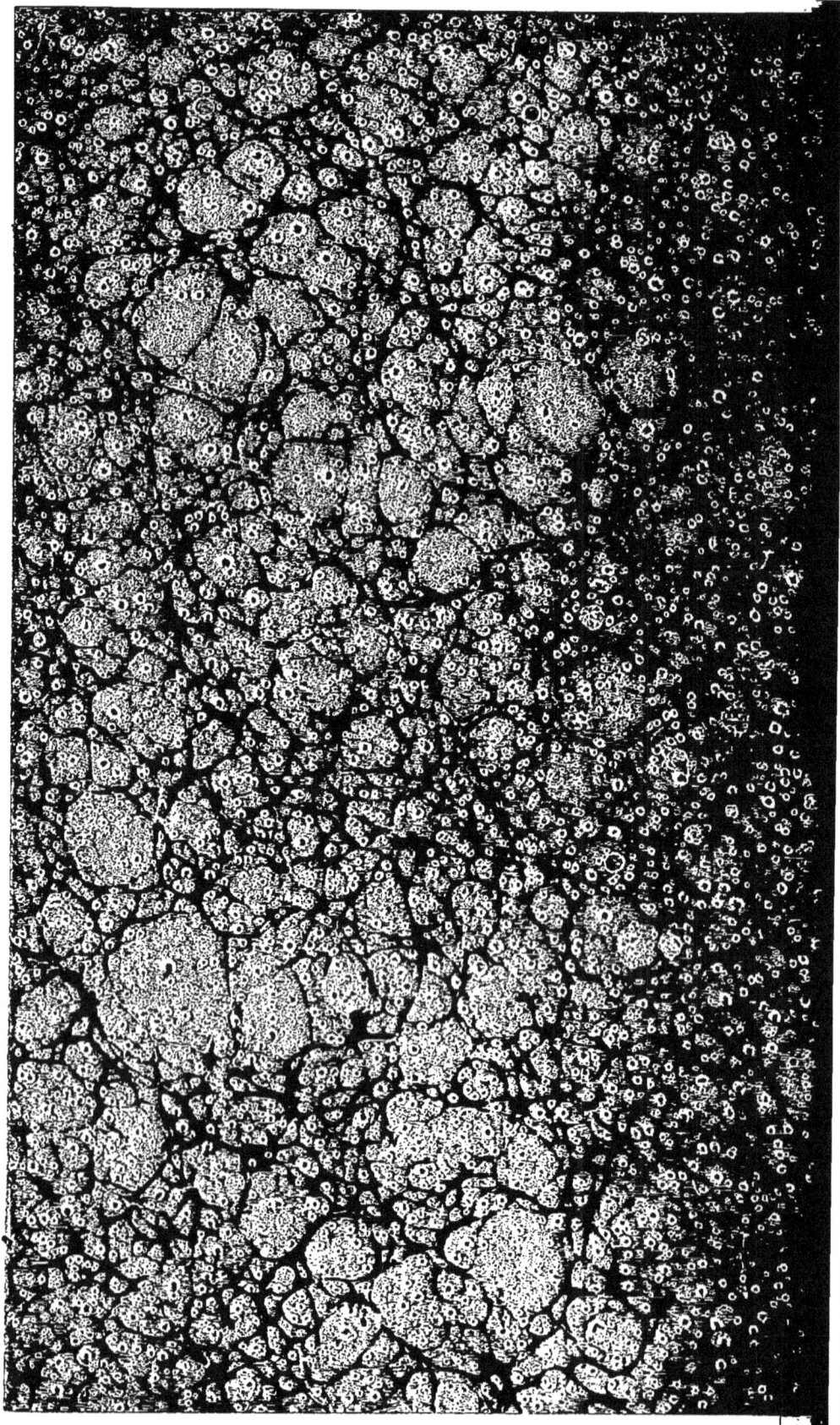

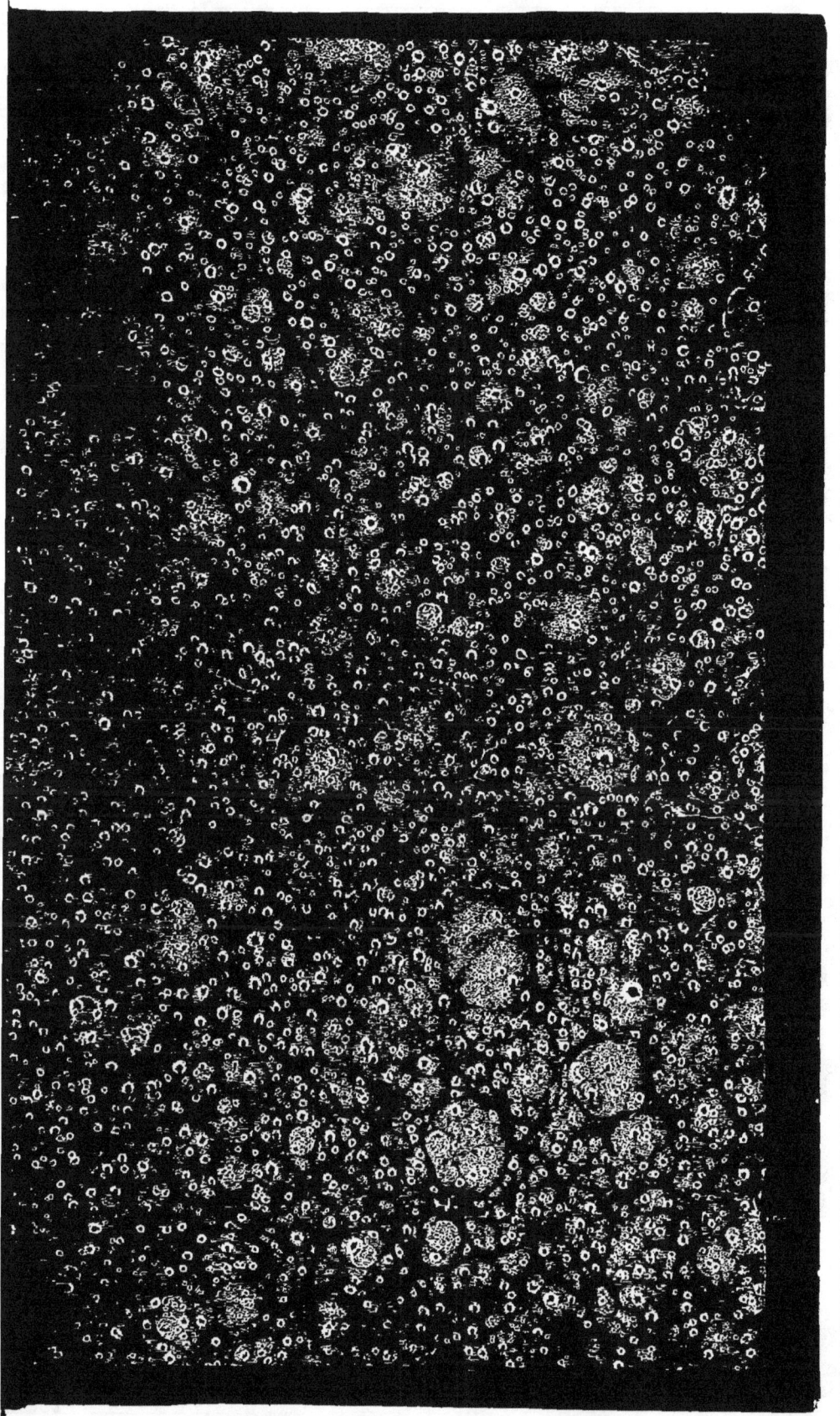

www.ingramcontent.com/pod-product-compliance
Lightning Source LLC
Chambersburg PA
CBHW072101090426
42739CB00012B/2831